Méthodes de gestion

Éditions d'Organisation
1, rue Thénard
75240 Paris Cedex 05

Consultez notre site :
www.editions-organisation.com

Dans la même collection :

- Michel Lamarche, *Sympa la compta!*
- Jean Lochard, *Les ratios qui comptent*
- Daniel Boix et Bernard Féminier, *Le tableau de bord facile*
- Pierre Mora, *Faire le diagnostic-minute de votre entreprise*

© Éditions d'Organisation, 2004

ISBN : 2-7081-3044-7

Patrick Jaulent
Marie-Agnès Quarès

Méthodes de gestion

Comment les intégrer

Balanced Scorecard • Systémique • Archétypes dynamiques
ABC/ABM/Cost Savings • ProcessMap

Éditions
d'Organisation

Sommaire

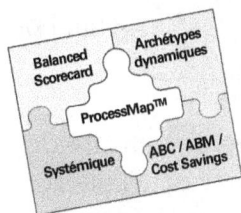

Balanced Scorecard · Archétypes dynamiques · ProcessMap™ · Systémique · ABC / ABM / Cost Savings

Introduction

« Donnez-moi un point fixe et un levier
et je soulèverai le monde. »

ARCHIMÈDE

Ce livre est un voyage destiné à vous conduire vers une destination : celle de l'excellence de votre organisation, qui est, selon Thierry Desmarest, président-directeur général du groupe Total, «[…] fonction de l'équilibre atteint entre la satisfaction des besoins de toutes les parties prenantes (clients, personnel, actionnaires, collectivités)».

Notre 1er levier de performance est la **Balanced Scorecard (BSC)**, créée en 1992 aux États-Unis par David Norton et Robert Kaplan : elle a pour objet de définir une stratégie centrée sur l'organisation en traduisant la vision personnelle de son manager en une vision collective. La Balanced Scorecard fixe la destination de l'organisation et la route pour y parvenir.

La Balanced Scorecard est un levier de performance stratégique présenté au Chapitre 1.

Balanced Scorecard

Notre 2e levier de performance est la **systémique**, formellement exposée dès 1948 par le biologiste Ludwig von Bertalanffy et, depuis, continuellement enrichie par Jay Forrester, Joël de Rosnay, H. A. Simon… La systémique a pour objet d'imaginer des organisations (entreprises, administrations, départements, services, équipes, etc.) performantes.

La systémique est un levier de performance organisationnelle présenté au Chapitre 2.

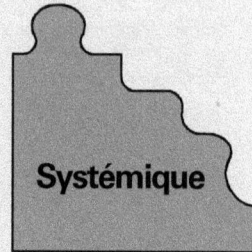

Systémique

Notre 3e levier de performance s'appuie sur les **archétypes dynamiques** créés par Jay Forrester et popularisés par Peter Senge dans son ouvrage *La cinquième discipline*. Les archétypes dynamiques associés aux leviers de performance que sont la Balanced Scorecard et la systémique permettent de diagnostiquer et d'anticiper la performance de l'organisation.

L'archétype dynamique est un levier de performance décisionnelle présenté au Chapitre 3.

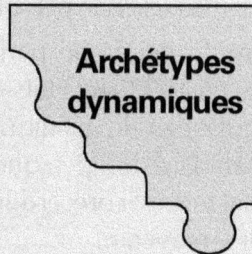

Archétypes dynamiques

Notre 4e levier de performance a pour base les méthodes **ABC/ABM/ Cost Savings**. L'ABC (*Activity Based Costing*) a été créée dans les années 1980 par Robert Kaplan (co-créateur de la Balanced Scorecard) afin d'évaluer le «coût réel» d'une activité et de son résultat, par une meilleure prise en compte des coûts indirects.

L'ABM (*Activity Based Management*), imaginée par plusieurs cabinets

de consultants, permet de «manager» l'organisation à partir de la création de valeur, tandis que la méthode Cost Savings spécifiée par la
société ReUSE est destinée à identifier les gains potentiels.

> **L'ensemble ABC / ABM /
> Cost Savings est un levier
> de performance
> économique présenté au**
>
> **ABC / ABM /
> Cost Savings**

Notre 5e levier de performance est la méthodologie ProcessMap,
développée par la société CIMPA (Groupe AIRBUS).

ProcessMap a pour objet d'intégrer, en assurant leur cohérence, les
quatre leviers précédents dans un guide méthodologique et un logiciel.

> **ProcessMap est un levier
> de performance
> méthodologique
> présenté au Chapitre 5.**
>
> **Balanced
> Scorecard**   **Archétypes
> dynamiques**
>
> **ProcessMap**^{TM}
>
> **Systémique**   **ABC / ABM /
> Cost Savings**

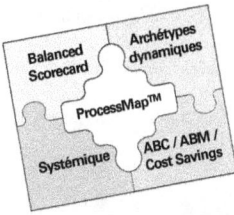

Balanced
Scorecard

Archétypes
dynamiques

ProcessMap™

Systémique

ABC / ABM /
Cost Savings

Un levier de performance stratégique : la Balanced Scorecard

L'origine de la Balanced Scorecard remonte
à 1990, lorsque le Nolan Norton Institute, l'unité
de recherche du KPMG, décida de sponsoriser,
pendant un an, une étude multi-entreprise intitulée
«Mesurer la performance dans l'organisation du futur».

À l'époque, la raison principale qui avait fait naître
ce projet était que les mesures de performance
existantes, essentiellement centrées sur des mesures
comptables et financières, devenaient obsolètes
au regard de l'évolution des parties intéressées
(la société, les clients, les actionnaires et investisseurs,
le personnel de l'entreprise, la collectivité…).

David Norton, président de Renaissance Solutions Inc.,
et Robert Kaplan, professeur à la Harvard Business
School, ont dirigé cette étude, qui a abouti
à la Balanced Scorecard.

Ce chapitre en présente les fondements.

Pourquoi la Balanced Scorecard ?

Pour (re)trouver la capacité d'anticiper les évolutions de leurs activités, les managers et les opérationnels doivent disposer d'indicateurs permettant de détecter en amont les événements qui régissent le fonctionnement de leur organisation.

Au niveau de l'entreprise, les indicateurs utilisés pour le pilotage sont essentiellement financiers. Or les indicateurs financiers traduisent des décisions passées. De plus, ceux-ci tendent à être influencés par la position des organisations (position des départements, des services) sur la courbe de cycle de vie du produit. Cet état provoque parfois, en comité de direction, des situations pour le moins «burlesques». On pourra ainsi entendre des questions telles que : «Pouvez-vous me dire pourquoi le nombre de réclamations clients ne fait qu'augmenter et pourquoi la situation financière se dégrade, alors que tous les indicateurs des processus sont au "vert"? »

Au niveau opérationnel, la «batterie» d'indicateurs suivis pour chaque processus clé n'est ni pertinente ni suffisante pour l'animation et le pilotage du processus. Les mesures de performance sont généralement :

- trop nombreuses ;
- trop locales, car essentiellement centrées sur des résultats «métier» (microrésultats) ;
- toutes au même niveau de priorité ;
- décalées par rapport aux objectifs de l'organisme en termes de satisfaction des clients (internes et/ou externes) ;
- sans lien direct avec l'engagement et l'efficacité des différents plans d'actions.

Ce chapitre a pour objet de tenter d'apporter une solution à ces divers maux managériaux. Parmi les nombreuses réponses, nous avons choisi la Balanced Scorecard parce qu'elle permet de concevoir une vision stratégique rapprochée d'une vision organisationnelle.

> **Comment formaliser la stratégie?**
>
> **Comment s'assurer que la stratégie est centrée sur l'organisation?**
>
> **Qu'est-ce que la stratégie?**

Qu'est-ce que la stratégie?

La stratégie est l'art de concevoir et d'utiliser un plan pour atteindre un but. Le mot stratégie vient d'ailleurs du grec *strategia, via* la forme *strategos*, qui signifie «l'art du général». On ne peut donc pas s'intéresser à la stratégie sans étudier quelques stratèges militaires, notamment Napoléon, Carl Von Clausewitz, Erich Ludendorff et Sun Tzu, général chinois (VIe siècle avant J.-C.), auteur du célèbre *Art de la guerre*, qui a laissé cette phrase magnifique : «Remporter cent victoires en cent batailles n'est pas le comble du savoir-faire. Ce qui, donc, est de la plus haute importance dans la guerre, c'est de soumettre l'ennemi sans livrer bataille.»

Carl Von Clausewitz a été choisi par de nombreux gourous du management et de très nombreuses écoles de commerce nord-américaines pour développer des analogies entre les «choses militaires» et les «choses de l'entreprise». Pour ces gourous, Carl Von Clausewitz, officier prussien, est considéré comme le père de la stratégie moderne. Après avoir participé aux guerres de Révolution et du premier Empire, il devient en 1818 le directeur de l'Académie de guerre de Berlin et entame une période de réflexion théorique qui l'amène à écrire son œuvre principale en dix volumes, *Vom Kriege* («De la guerre»), publiée en 1833.

Clausewitz fonde une science de l'action militaire tout en allant bien au-delà. Il extrait la stratégie du cadre strictement militaire; il souligne qu'un conflit réel intègre tout – populations armées ou non, politique, économie – et que ce conflit ne peut être compris et mené à bien que par une synthèse des différents plans de combat. Clausewitz explique surtout que les buts militaires dans la guerre sont étroitement soumis aux buts politiques de la guerre. Il en ressort deux idées maîtresses : le principe d'anéantissement et la suprématie de la volonté politique sur l'instrument militaire.

Nous pensons toutefois que l'entreprise n'est pas une caserne et que le marché n'est nullement un champ de bataille où les salariés obéissants iraient harceler les concurrents (parfois les clients), fouiller les poubelles, etc. Il est donc inapproprié d'utiliser le langage militaire (plan de bataille…) dans une méthodologie de management. La guerre est un acte de violence dont le but est de contraindre son adversaire à exécuter notre volonté. Clausewitz, avec sa célèbre maxime «la guerre est la poursuite de la politique par d'autres moyens», nous dit ce que doit être la guerre et non ce qu'elle est.

Qu'est-ce que la Balanced Scorecard ?

En 1990, Kaplan et Norton ont mené un projet de recherche auprès de douze organisations. Ils ont conclu ce projet en 1992 en publiant, dans la *Harvard Business Review*, une série de trois articles sur un nouveau levier de pilotage de la performance d'organisations, qu'ils ont nommé «Balanced Scorecard» (BSC).

Si, littéralement, *balanced scorecard* signifie «carte de scores» (au sens sportif du terme), il est traduit en français par «tableau de bord[1] équilibré et prospectif». Mais, en raison de l'adjectif «prospectif» — selon l'humoriste Pierre Dac, «la prospective est un art redoutable, surtout quand elle se mêle de prévoir l'avenir» —, nous préférons le terme «tableau de performances équilibrées». La BSC est considérée par la littérature anglo-saxonne comme l'une des innovations «managériales» majeures de la décennie puisqu'elle devrait favoriser, d'après Kaplan et Norton, la valorisation des parties intéressées, à savoir la société, les

---

1. Le concept de «tableau de bord» est apparu en France en 1930, sous forme de ratios et de graphiques utilisés par les managers pour leurs prises de décisions. Nous citerons également, parmi un grand choix d'ouvrages, Lauzel (P.) et Cibert (A.), *Des ratios au tableau de bord*, EME, 1959; Sulzer (J.-R.), *Comment construire les tableaux de bord*, 1975; Saulou (J.-Y.), *Le pilotage du décideur*, 1982.

investisseurs, actionnaires, fournisseurs, partenaires, clients, collectivités, etc.

En effet, l'une des innovations significatives de la BSC est de permettre
au manager d'une organisation de traduire sa vision stratégique en
vision collective, partagée par l'ensemble du personnel de l'organisation. Naturellement, à l'instar de toute innovation, et comme le montre
la Figure 1.1, la BSC hérite de plusieurs concepts tels que la «théorie
XY» de McGregor, qui démontre qu'un être humain moyen éprouve
une certaine aversion pour le travail si celui-ci est «bidon». Selon
McGregor, «On peut compter sur un employé si ce dernier est directement impliqué dans les processus ayant un "but" pour l'entreprise. En
conséquence, la productivité peut être améliorée par une clarification
du rapprochement de la stratégie vers les buts de l'entreprise.»

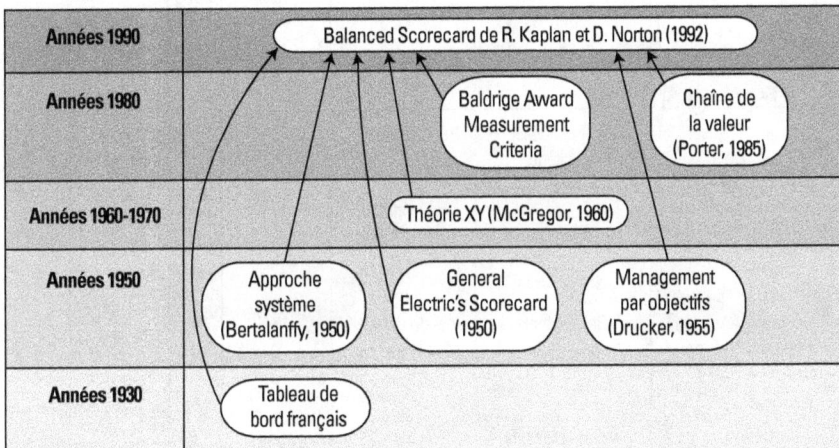

Figure 1.1
Balanced Scorecard : héritage de concepts...

De manière pratique, une BSC est composée de trois éléments, comme
le montre la Figure 1.2 :

- d'une **carte stratégique**[1] représentée par un diagramme
  reliant entre eux différents objectifs stratégiques répartis selon
  4 dimensions (finance, clients, processus et structure apprenante), également appelées domaines ou perspectives ;

1. «Carte stratégique» est une marque déposée à l'INPI par Patrick Jaulent, président
du club Balanced Scorecard France.

- d'un **tableau de performances** précisant la ou les mesures de l'objectif, la cible et le délai pour atteindre celle-ci ;
- d'un **plan d'action(s)** précisant la ou les actions à mener pour atteindre la cible planifiée ainsi que le budget nécessaire à la réalisation de l'action.

Carte stratégique		Tableau de performances			Plan d'action(s)	
Thème : efficience des opérations	*Objectif*	*Mesure(s)*	*Cible*	*Délai*	*Action(s)*	*Budget*
Augmenter le profit	Augmenter le profit	Profit	+20 %	3 ans		
	Accroître les résultats	Chiffre d'affaires	+30 %	2 ans		
Réduire les dépenses / Accroître les résultats	Réduire les dépenses	Coût Total	-15 %	2 ans		
Finance						
Attirer et fidéliser les clients	Attirer et fidéliser les clients	Part de marché	+12 %	2 ans	Mise en place CRM	. K €
		% de clients « tout à fait satisfaits »	+20 %	2 ans		
Respecter le contrat clients / Adapter les prix	Respecter le contrat client	% de départ à l'heure	+15 %	1 an		
Clients	Adapter les prix	Prix marché	-5 %	1 an		
Améliorer la rotation au sol	Améliorer la rotation au sol	Temps au sol	30 mn	1 an	Optimisation temps cycle	. K €
Processus internes clés						
Développer les compétences nécessaires	Développer les compétences nécessaires	% de personnel piste qualifié XYZ	+15 %	2 ans	Plan formation	. K €
Structure apprenante clé		Budget formation consacré au personnel piste	+12 %	2 ans	e-learning	. K €

Figure 1.2
La Balanced Scorecard

L'idée fondamentale
d'une Balanced Scorecard

D'après Kaplan et Norton, l'idée fondamentale d'une BSC est de définir une «image équilibrée»[1] de la performance actuelle et future d'une organisation (entreprise, collectivité, service, département, équipe…).

Qu'est-ce qu'une «image équilibrée» de la performance d'une organisation?

Lorsqu'une organisation est «trop» centrée sur ses résultats financiers, elle risque d'oublier ses clients, son personnel, ses infrastructures. En revanche, si l'organisation se concentre «trop» sur ses clients et ses résultats financiers, elle risque de surinvestir dans ses processus clés. De même, si l'organisation accorde trop d'attention à la performance de ses processus clés, elle prend alors le risque de délaisser son personnel et ses infrastructures. Mais si elle concentre uniquement son attention sur son personnel, elle risque alors d'en oublier ses clients…

Vous l'aurez compris, la performance d'une organisation selon Kaplan et Norton est une affaire d'équilibre. Toutefois, l'équilibre ne concerne pas uniquement la répartition des objectifs selon différentes dimensions : il s'applique également à leur temporalité. L'équilibre temporel des objectifs suppose une répartition «astucieuse» d'objectifs à court terme, à moyen terme et à long terme dans le même tableau de bord.

Que signifie «pilotage équilibré de la performance»?

Un pilotage équilibré de la performance se réalise entre des mesures de résultats – comme les mesures financières et la satisfaction clients – et des leviers opérationnels et structurels clés qui contribuent aux résultats – comme l'efficacité des processus, la compétence du personnel ou la capacité des infrastructures.

---

1. Par contre, un budget équilibré est une mauvaise idée économique, si l'on s'en réfère à Robert Eisner (*Wall Street Journal*, 22 janvier 1997).

Les buts d'une Balanced Scorecard

D'après Kaplan et Norton, les principaux buts d'une BSC sont les suivants :

- clarifier et formaliser la stratégie de l'organisation ;
- communiquer la stratégie ;
- aligner les objectifs stratégiques sur l'organisation ;
- aligner les objectifs du personnel sur les objectifs stratégiques ;
- aligner et améliorer les processus clés de l'organisation ;
- piloter la stratégie par rapport à des cibles et non des écarts.

Les domaines d'application d'une Balanced Scorecard

Toujours d'après Kaplan et Norton, une BSC n'a pas de domaine d'application privilégié. Cette approche peut être utilisée avec succès dans les organisations industrielles ou de services ainsi que dans les organisations à but non lucratif (associations, collectivités, syndicats…).

Cependant, certaines situations se prêtent plus que d'autres à son utilisation, par exemple :

- les situations de crise (crise du business…) ;
- les réorganisations (projet stratégique…) ;
- le changement de leadership.

Le processus de conception d'une Balanced Scorecard

Le processus de conception de la stratégie selon l'approche BSC est fondé sur notre expérience et non sur celle de stratèges militaires comme Sun Tzu, Napoléon ou Carl Von Clausewitz. Il correspond à l'enchaînement des activités indiquées ci-dessous :

- Clarifier la mission de l'organisation.
- Définir la vision du manager de l'organisation.

- Identifier les valeurs structurelles de l'organisation.
- Concevoir la carte stratégique et le tableau de performances :

  1. Concevoir la dimension résultats.
  2. Concevoir la dimension leviers.

- Identifier le plan d'action(s).
- Mettre en œuvre la BSC selon la «boucle en 8»™.

Nous vous proposons d'illustrer ce processus avec une organisation imaginaire que nous appellerons Dupont (toute ressemblance avec un organisme existant étant bien sûr totalement fortuite).

Clarifier la mission de l'organisation

Cette activité du processus de conception de la BSC a pour objet de clarifier les finalités, les projets de l'organisation vis-à-vis de ses clients.

> **Quelle est la raison d'être de l'organisation «aujourd'hui»?**
>
> **Si l'organisation veut créer durablement de la valeur pour les clients, en quoi consiste sa mission?**

La mission que perçoit le manager de l'organisation imaginaire Dupont peut être exprimée en une simple phrase : il s'agit de créer, pour les marchés grand public et grands comptes, des ordinateurs portables fiables et innovants, dans le but de répondre aux besoins et attentes de ces marchés.

Le libellé de la mission permet généralement de définir le cadre de pilotage de l'organisation, à moins d'opter définitivement pour le cadre générique à 4 dimensions (finance, clients, processus, structure apprenante) proposé par Kaplan et Norton.

Définir la vision du manager de l'organisation

En 1961, John Fitzgerald Kennedy reprit à son compte une idée suggérée par les dirigeants de la Nasa pour annoncer sa vision : «Avant la fin de cette décennie, un homme marchera sur la lune». Cette vision personnelle de John Kennedy fut partagée collectivement par tout un peuple pour aboutir, en 1969, au succès du vol d'Apollo 11 avec Armstrong, Collins et Aldrin. Le sol lunaire fut par la suite étudié directement, de 1969 à 1972, au cours de six vols de la série Apollo, qui permirent à douze astronautes américains de débarquer sur l'astre et d'en rapporter près de 400 kilos d'échantillons.

Pour le manager de l'organisation, définir la vision a pour objet d'indiquer la «destination d'un voyage qui durera plusieurs années». La vision exprime l'image d'un futur que le manager veut créer. Si l'on veut que la vision ne soit pas une simple idée, il faut qu'elle soit concrète (comme dans le cas de la déclaration de John Fitzgerald Kennedy citée ci-dessus). La vision est donc associée à un ou plusieurs objectifs stratégiques à long terme.

Quelle est la vision du manager de Dupont ?
Que veut être Dupont dans 3 ans, dans 5 ans ?

À un horizon de 3 ans, Dupont veut :

- une augmentation de la valeur bénéficiaire EBIT – *Earnings Before Interests and Taxes,* à savoir Bénéfice AVant Intérêts et impôTs (BAVIT) en français – (EBIT > 20 %) ;
- de nouvelles sources de revenus (CA nouveaux produits +15 %) ;
- une augmentation de la valeur clients (CA +17 %) ;
- une performance interne forte (coûts fixes < 15 %, coûts variables < 12 %) ;
- une augmentation des parts de marché (France > 70 % ; Europe > 45 %).

Nous aurions pu également définir la vision comme ci-après.

Pour répondre aux besoins et attentes des marchés grand public et grands comptes, ainsi que pour accroître la rentabilité financière de 20 %, nous devons augmenter notre capacité concurrentielle et la performance du business de +15 % et réduire les frais d'exploitation de 13 % en utilisant de nouveaux outils tels que le CRM (*Customer Relationship Management*), le SCM (*Supply Chain Management*), etc.

En pratique, la vision ne vient pas uniquement «d'en haut», elle est le résultat d'une consultation avec les «gens d'en bas» afin que les objectifs stratégiques ne soient pas uniquement ceux des «gens d'en haut».

Identifier les valeurs structurelles de l'organisation

Les valeurs structurelles d'une organisation sont semblables aux «racines d'un arbre» qui ne demande qu'à devenir fort pour offrir ses plus beaux fruits. Pour ce faire, il faut continuellement entretenir les racines afin qu'elles puissent assurer leur ravitaillement en eau et en sels minéraux.

Il en est de même pour une organisation : les valeurs telles que l'éthique, le respect de l'environnement, l'ouverture d'esprit, la reconnaissance du travail, le comportement vis-à-vis des clients et des collègues, etc., sont les énergies nécessaires pour permettre à l'organisation de remplir sa mission de chaque jour, tout en poursuivant le voyage vers sa destination (vision).

Quelles sont les valeurs structurelles de Dupont ?

- **Une qualité préférable à la quantité.** Nous travaillons selon les normes qualité internationales les plus exigeantes.
- **Une véritable délégation.** Les décisions se prennent là où l'équipe a de l'influence sur les résultats. L'équipe est responsable de l'efficacité de la réunion. Décentralisation de la décision.
- **Un niveau hiérarchique aplani.** Nous réduisons la bureaucratie et diminuons le nombre de niveaux hiérarchiques. Nous recherchons le consensus qui assure la cohésion des énergies, sans diminuer le rôle du leadership.
- **L'amélioration continue.** Nous encourageons nos employés à rechercher l'amélioration continue comme base de nouveaux défis.
- **La maîtrise des achats/approvisionnements.** Nos achats tiennent une place primordiale dans la maîtrise de nos coûts.
- **Les responsabilités.** Nous sommes conscients de nos responsabilités envers l'environnement. Nous contribuons à un

développement dynamique de la connaissance et des technologies en participant activement à des projets de recherche et
de développement.

Concevoir la carte stratégique et le tableau de performances

Typiquement, Kaplan et Norton proposent un cadre générique de pilotage composé de deux «dimensions résultats» et de deux «dimensions
leviers», intégrant des objectifs stratégiques reliés entre eux par une
chaîne causale : la carte stratégique (Figure 1.3).

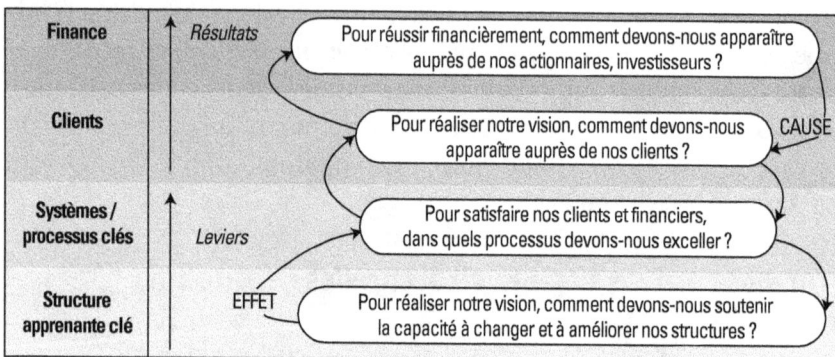

Figure 1.3
Dimensions et chaîne de cause à effet (modèle générique)

À chaque objectif stratégique identifié, sont associées dans un tableau
une ou plusieurs mesures, et à chaque mesure correspondent une ou
plusieurs cibles à atteindre, le délai estimé pour atteindre la cible planifiée, et le ou les responsable(s).

Les dimensions résultats regroupent :

- les objectifs stratégiques liés aux résultats financiers ciblés;
- les objectifs stratégiques liés aux besoins et attentes des
  clients : les résultats ciblés pour le client ou la partie prenante
  (personnel, collectivité…).

Les dimensions leviers regroupent :

- les objectifs d'actions stratégiques liés aux systèmes / processus clés de l'organisation : les leviers opérationnels clés;

       • les objectifs d'actions stratégiques liés à la structure appre-
         nante clé de l'organisation : les leviers structurels clés.

Pour cette dimension «structure apprenante clé», Kaplan et Norton
proposent la fonction générique suivante :

$$F = [(compétence\ humaine) + (infrastructure\ et\ technologies)$$
$$+ (climat\ pour\ l'action)]$$

Les différentes dimensions ne doivent pas être traitées séparément.
C'est d'ailleurs pour éviter cela que la société Halifax, au début de 1997,
a présenté à ses managers la «théorie Z» (Figure 1.4).

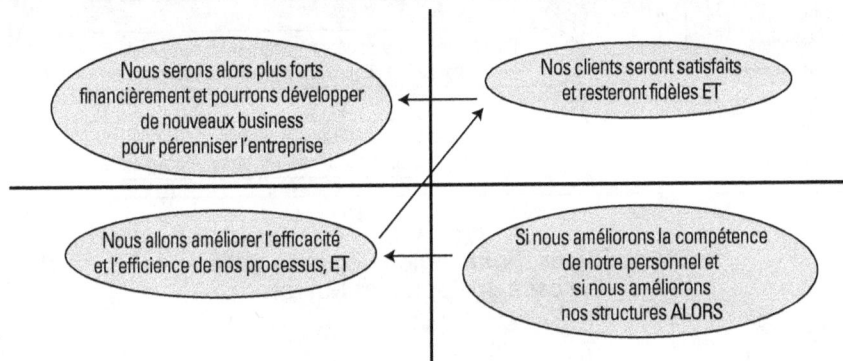

Figure 1.4
La théorie «Z»

Le cadre de pilotage de l'organisation est-il limité à 4 dimensions ?

Naturellement, NON.

Certaines organisations ont étendu le modèle générique défini par
Kaplan et Norton en intégrant d'autres dimensions. Par exemple,
l'entreprise Nova Chemical de Calgary utilise les quatre dimensions
proposées par Kaplan et Norton et une supplémentaire, à savoir le
domaine social, afin de tenir compte de la collectivité.

De même, l'entreprise ABB a conçu son cadre de pilotage selon cinq
dimensions : les clients, le personnel, l'innovation et le développement,
les processus fournisseurs et la finance. En revanche, les entreprises
Mobil et Halifax ont choisi de respecter le modèle générique de Kaplan
et Norton.

Ainsi, les dimensions qui permettent à la BSC de présenter une carac-
térisation multidimensionnelle de la performance peuvent varier en
nombre (même s'il est souhaitable de tenir compte d'un minimum
de 4), ainsi qu'en définition et en organisation, selon les intentions
stratégiques du manager (voir figures 1.5 et 1.6).

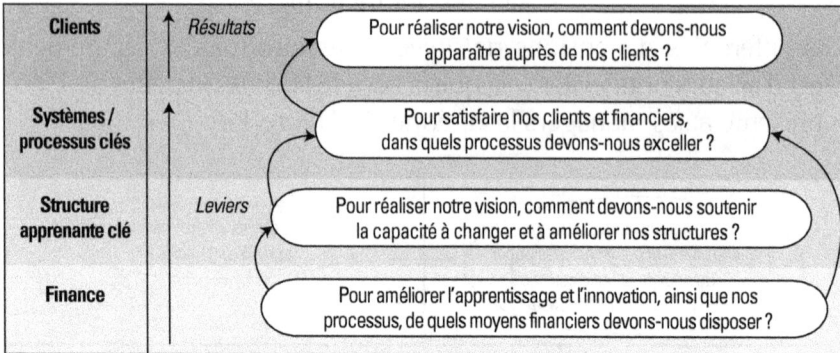

Figure 1.5
Les dimensions... une logique causale différente
de celle de Kaplan et Norton

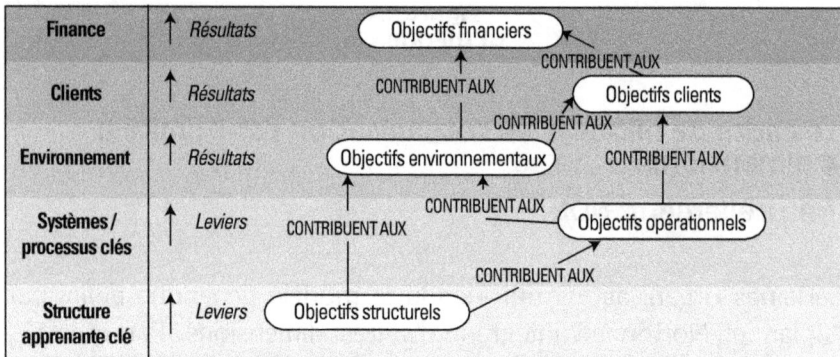

Figure 1.6
Les dimensions... un cadre de pilotage différent de celui
proposé par Kaplan et Norton

Concevoir la dimension résultats

Cette activité du processus de conception de la BSC a pour objet de
définir les dimensions résultats en termes financiers, en termes de

clients, de collectivité, etc. Elle se compose de deux tâches : la définition des résultats financiers ciblés, la définition des résultats ciblés pour le client.

En premier lieu, la tâche qui consiste à définir des résultats financiers ciblés a pour objet de formaliser la dimension résultats financiers à l'aide d'objectifs liés entre eux selon une chaîne causale. La notion de temps de réaction pour atteindre une «cible» est fondamentale dans le pilotage d'organisation. En effet, l'objet n'est pas uniquement de «savoir si l'aspirine soulage des maux de tête, mais quand elle les soulage».

Question : comment peut-on estimer le délai de réalisation de la cible?

Réponse : avec l'expérience et/ou avec des outils mathématiques utilisés en gestion de projet.

Nous proposons de libeller les objectifs de résultats stratégiques à l'aide d'un nom ou d'une expression (comme illustré à la Figure 1.7), et non d'un verbe. Exemple : nous avons «valeur de Dupont» et non «accroître la valeur de Dupont».

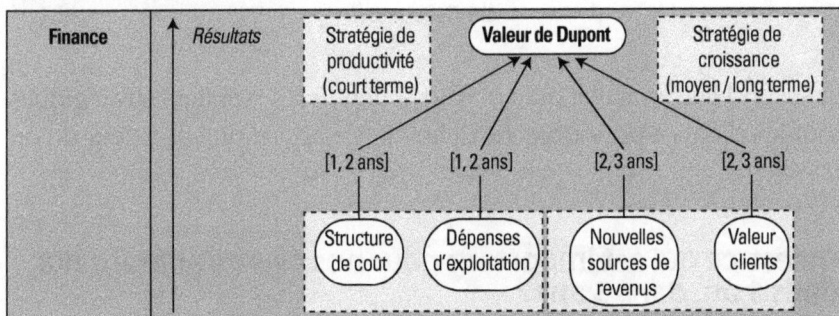

Figure 1.7
La dimension «finance» de la carte stratégique de Dupont

Quelle est la valeur de l'organisation Dupont aujourd'hui pour l'actionnaire?

Quelle sera sa valeur dans 3 ans?

À chaque objectif stratégique identifié sont associées dans un tableau une ou plusieurs mesures, et à chaque mesure correspondent une ou plusieurs cibles à atteindre, le délai estimé pour atteindre la cible planifiée, et le ou les responsable(s) (voir Figure 1.8).

Dimension	Objectif de résultats	Mesure(s)	Cible réalisée	Cible planifiée	Délai estimé
Notre succès auprès de nos actionnaires et investisseurs viendra de…					
Finance (actionnaires, investisseurs)	Valeur de Dupont	EBIT	4,5 %	> 12 %	[2, 3 ans]
	Nouvelles sources de revenu	CA nouveaux partenaires	260 K€	+15 %	
		CA nouveaux produits	150 K€	+17 %	
	Valeur clients	Marge brute clients	17 %	+5 %	
	Structure de coût	Dépenses inutiles[1]	1 500 €	-20 %	[1, 2 ans]
	Dépenses d'exploitation	BFR d'exploitation	X mois du CA	< X mois du CA	

Figure 1.8
Dimension «finance» du tableau de performances équilibrées de Dupont

En second lieu, la tâche qui consiste à définir les résultats stratégiques pour les clients a pour objet de définir les propositions de valeur du ou des clients.

Qu'est-ce qui est important pour nos clients aujourd'hui, dans 1 an, dans 3 ans ?

---

1. On citera ici les *Propos de O.L. Barenton, confiseur* : «Il n'y a pas d'un côté les recettes et de l'autre les dépenses. Il y a d'un côté les recettes et les dépenses utiles, et de l'autre les dépenses inutiles» (Auguste Detoeuf, Éditions du Tambourinaire, 1928 ; Éditions d'Organisation, 1982). Le coût de non-qualité est une dépense inutile qui influence le BFR d'exploitation : un lien pourrait donc exister entre l'objectif «structure de coûts» et les «dépenses d'exploitation».

Plus que les valeurs attendues par les clients, le plus important est de définir la migration de valeur client ainsi que le délai de migration. Par exemple : migration d'une organisation centrée autour des produits vers une organisation centrée autour des processus clients en moins de un an.

La dimension clients est formalisée à l'aide d'objectifs stratégiques reliés à la dimension finance et parfois liés entre eux selon une chaîne causale (voir Figure 1.9). Nous proposons de libeller ces objectifs à l'aide d'un nom ou d'une expression, par exemple «satisfaction clients» (et non «accroître la satisfaction clients»).

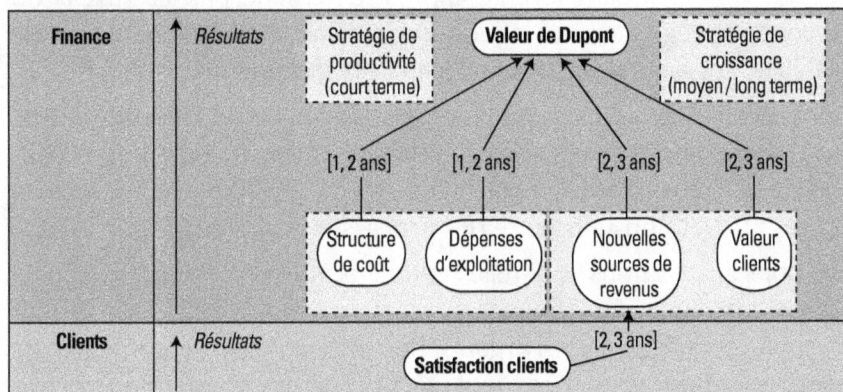

Figure 1.9
Dimensions «finance et clients» de la carte stratégique de Dupont

Dimension	Objectif de résultats	Mesure(s)	Cible réalisée	Cible planifiée	Délai estimé
Nous nous différencions auprès de nos clients par...					
Clients	Satisfaction clients (prix, qualité, délai, relations...)	Note d'image	75 points	95 points	[2, 3 ans]

Figure 1.10
Dimension «clients» du tableau de performances équilibrées de Dupont

Concevoir la dimension leviers

Cette activité du processus de conception de la stratégie a pour objet de définir les leviers «opérationnels clés» et «structurels clés» qui permettront d'atteindre les résultats ciblés en termes financiers et en termes de clients. Elle se compose de deux tâches : l'identification des leviers systèmes/processus clés, l'identification des leviers structurels clés.

Concernant la première tâche, à savoir l'identification des leviers systèmes/processus clés, définir les leviers opérationnels de la dimension «systèmes/processus clés» suppose au préalable de fixer le «cap» du voyage vers la destination. Le cap est déterminé par les «axes» ou «thèmes stratégiques» qui influencent le délai de réalisation de la cible planifiée. Les axes stratégiques illustrent la tactique du manager.

Après avoir identifié les axes stratégiques, on peut formaliser la dimension «systèmes/processus clés» par le biais d'objectifs d'action libellés à l'aide de verbes. Par exemple, on énoncera «améliorer l'efficience des processus» (et non «efficience des processus»).

Les objectifs d'actions sont reliés entre eux et avec les objectifs appartenant aux dimensions finance et clients par une chaîne causale. Par exemple, le manager de l'organisation ne peut pas se contenter de mesurer la satisfaction des clients lors du dernier trimestre sans connaître les causes d'une éventuelle chute de satisfaction. De même, il ne peut pas constater une augmentation de la structure de coûts et/ou des valeurs d'exploitation au dernier semestre sans en identifier la ou les causes (voir Figure 1.11).

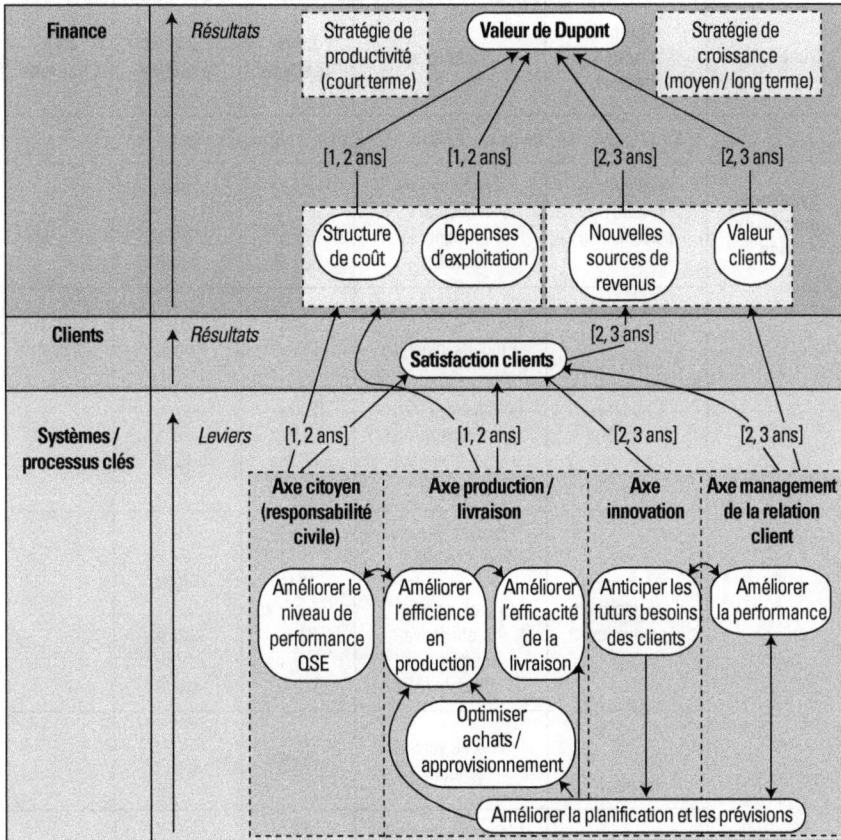

Figure 1.11
Dimensions «finance, clients et systèmes/processus métier»
de la carte stratégique

Dimension	Objectif d'action (levier)	Mesure(s)	Cible réalisée	Cible planifiée	Délai estimé
		Pour satisfaire nos clients et actionnaires, nous devons exceller dans…			
Systèmes/ processus clés	Améliorer le niveau de performance QSE	# réclamations clients # incidents SE COQ	7/mois 3/an 500 €	1/mois 0/an 200 €	[1, 2 ans]
	Améliorer la planification et les prévisions	# incidents planning # modifs. planning	3/mois 5/mois	-20 % -20 %	[1, 2 ans]
	Optimiser les achats/ approvision- nements	Rotation des stocks Gain achat/projet Retard livraison fournisseur	12 jours 10 K€ 30 %	-25 % +20 % -15 %	
	Améliorer l'efficience en production	Productivité du personnel Capacité de production[1] % efficience équipements Coût/unité (ABC)	1 K€/p 77 % 63 % 300 €	+15 % +10 % +15 % -15 %	
	Améliorer l'efficacité de la livraison	Taux de service clients	65 %	+12 %	
	Améliorer la performance du business	Montant ventes (€) Segment de marché France Segment de marché Europe Rotation des débiteurs	80 K€ 40 % 23 % 40 jours	+15 % +50 % +45 % -15 %	[2, 3 ans]
	Anticiper les futurs besoins des clients	# nouveaux produits soumis Impact technologies fournies	2/an	+25 %	[2, 3 ans]

Figure 1.12
Dimension «systèmes/processus métier» du tableau de performances équilibrées

---

1. Nous pouvons également utiliser le ratio valeur ajoutée/production ou épargne brute/production.

Concernant la seconde tâche, à savoir l'identification des leviers structurels clés, il faut savoir que le principe fondamental d'une organisation est que sa «structure apprenante clé» (nous écrirons indifféremment la ou les structures apprenantes) affecte son comportement. La dimension «structure apprenante clé» est donc dérivée des valeurs de l'organisation. Comme pour les dimensions précédentes, les créateurs de la méthode proposent un modèle générique de structure apprenante clé. Celui-ci s'articule autour de trois priorités :

- le capital humain (compétence du personnel…);
- le capital informationnel (*data warehouse*…);
- le climat pour l'action (leadership, gouvernance…).

Après avoir identifié les éléments de la «structure apprenante clé» qui contribuent à la dimension «systèmes/processus clés», vous pouvez formaliser la dimension «structure apprenante clé» à l'aide d'objectifs. Nous proposons de libeller ces objectifs à l'aide d'un verbe d'action, ce qui donnera, par exemple, la formulation suivante : «développer les qualifications du futur» (et non «qualification du futur»). La Figure 1.13 représente les hypothèses stratégiques imaginées par le manager pour assurer le succès de la mission de l'organisation et son voyage vers la destination (la vision) : il s'agit de la «carte stratégique».

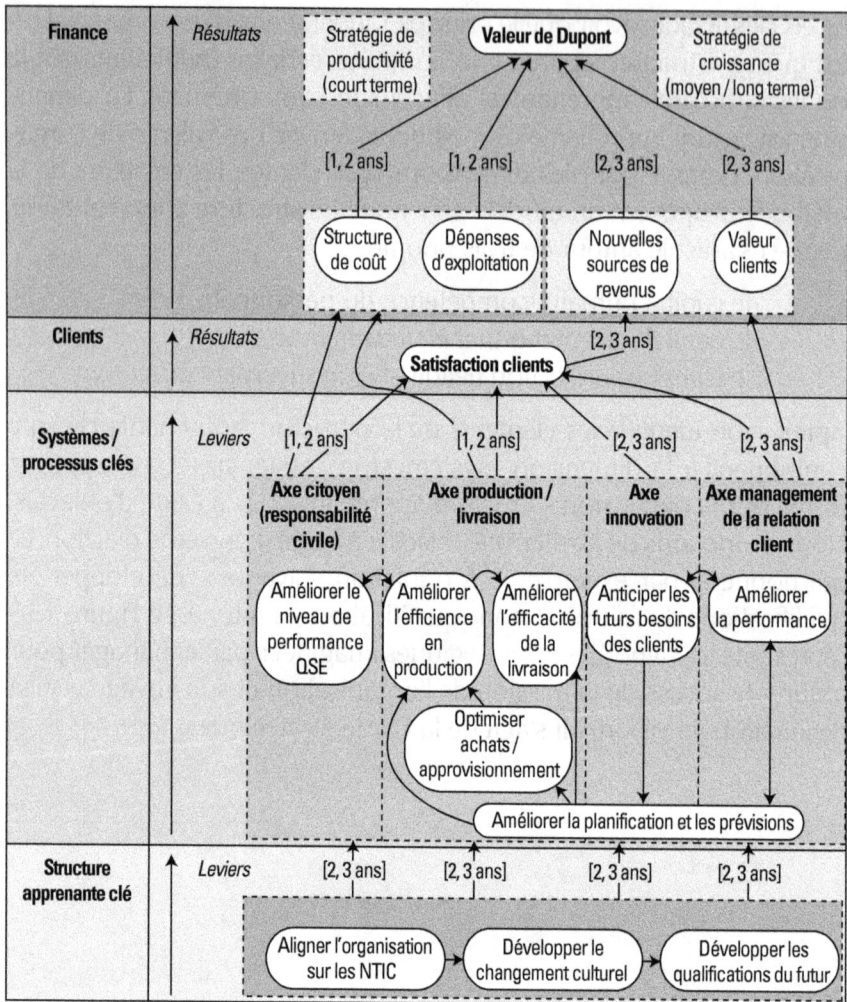

Figure 1.13
La carte stratégique de Dupont : un «itinéraire» possible

La carte stratégique décrit la manière dont l'organisation devra créer de la valeur pour les actionnaires et les clients à partir des leviers que sont les systèmes/processus et la structure apprenante clés.

On peut remarquer une relation causale entre les objectifs de la dimension «structure apprenante clé».

Dimension	Objectif d'action (levier)	Mesure(s)	Cible réalisée	Cible planifiée	Délai estimé
Pour exceller dans nos processus, nous devons soutenir notre capacité de changement et d'apprentissage continu…					
Structure apprenante clé	Aligner l'organisation sur les NTIC[1]	% de personnel utilisant les NTIC (CRM, e-mails, intranet…)	17 %	+20 %	[2, 3 ans]
	Développer le changement culturel	Enquête interne	39 %	45 %	
	Développer les qualifications du futur	# formations sur les NTIC	5/an	+30 %	
		% de personnel qualifié NTIC	20 %	+50 %	

Figure 1.14
**Dimension «structure apprenante clé» du tableau
de performances équilibrées**

Identifier le plan d'action(s)

Cette activité a pour objet d'identifier dans le tableau de performances (si possible équilibré, cf. page 7) les priorités en termes de cible à atteindre, d'actions à mener, de délai de réalisation de chaque action, de budget estimé par action, de responsable de l'action, d'efficacité de l'action, etc.

La méthode ABB (*Activity Based Budgeting*) permet de budgéter l'action à partir des ressources consommées par celle-ci. Naturellement, le budget de certaines actions peut vous contraindre à revoir les priorités, le délai de réalisation, à réorienter les responsabilités…

---

1. NTIC : nouvelles technologies de l'information et de la communication (telles que l'ERP, le CRM, le SCM, etc.).

Dimension	Objectif	Mesure(s)	Cible réalisée
Finance (actionnaires, investisseurs)	Valeur de Dupont	EBIT	4,5 %
	Nouvelles sources de revenus	CA nouveaux partenaires	260 K€
		CA nouveaux produits	150 K€
	Valeur clients	Marge brute clients	17 %
	Structure de coût	Dépenses « inutiles »	1500 €
	Dépenses d'exploitation	BFR d'exploitation	X mois du CA
Clients	Satisfaction clients (prix, qualité, délai, relations…)	Note d'image	75 points
	Parts de marché	Segment France	42 %
		Segment Europe	23 %
Systèmes/ processus clés	Améliorer le niveau de performance QSE (qualité/ sécurité/envt)	# réclamations clients # incidents SE COQ	7/mois 3/an 500 €
	Améliorer la planification et les prévisions	# incidents planning	3/mois
		# modifs planning	5/mois
	Optimiser achat/ approvision-nement	Rotation des stocks	12 jours
		Gain achat/projet	10 K€
		Retard livraison fournisseur	30 %
	Améliorer l'efficience en production	Productivité du personnel	1 K€/p
		Capacité de production	77 %
		% efficience équipmts	63 %
		Coût/unité (ABC)	300 €
	Améliorer l'efficacité de la livraison	Taux de service clients	65 %
	Améliorer la performance du business	Montant ventes	80 K€
		Rotation des débiteurs	40 jours
	Anticiper les futurs besoins des clients	# nouveaux produits soumis	2/an
Structure apprenante clé	Aligner l'organisation sur les NTIC	% de personnel utilisant les NTIC (CRM, e-mail, intranet…)	17 %
	Développer le changement culturel	Enquête interne	39 %
	Développer les qualifications du futur	# formations sur NTIC	5/an
		% personnel qualifié NTIC	20 %

Figure 1.15 : **Exemple de tableau de performances**

Cible planifiée	Délai estimé	Priorité	Action(s)	Budget
> 12 %	[2, 3 ans]			
+15 % +17 %			Recherche de distributeurs	X €
+5 %				
-20 %	[1, 2 ans]			
< x mois du CA			Amélioration rotation stock	X €
95 points	[2, 3 ans]			
> 70 % > 45 %	[2, 3 ans]			
1/mois 0/an 200 €	[1, 2 ans]		Formation et audits QSE	X €
-20 % -20 %	[1, 2 ans]			
-25 % +20 % -15 %		5 3	Formation acheteurs Notation fournisseur	X €
+15 % +10 % +15 % -15 %		2	Maintenance (GMAO)	X €
+12 %				
+15 % -15 %	[2, 3 ans]	4	Postes CRM	X €
+25 %	[2, 3 ans]			
+20 %	[2, 3 ans]			
45 %				
+30 % +50 %		6	e-learning	X €

équilibrées de l'organisme imaginaire Dupont

Mettre en œuvre la BSC selon la «boucle en 8™»

La vision est une destination. La stratégie est un voyage qui vous mènera vers cette destination.

La mise en œuvre d'une BSC peut être réalisée selon le «modèle en 8» ou «boucle en 8»[1] (voir Annexe C). Ce modèle est composé de deux boucles qui forment le chiffre «8», lequel est, pour certaines cultures, synonyme de sagesse et de prospérité (le «Fa» chinois) :

- La **boucle de décision** (ou boucle de management) : elle illustre la perspective stratégique (économique, sociale, environnementale…) du manager de l'organisation, la finalité étant de mobiliser et d'engendrer le progrès de tous les acteurs (voir Figure 1.16).

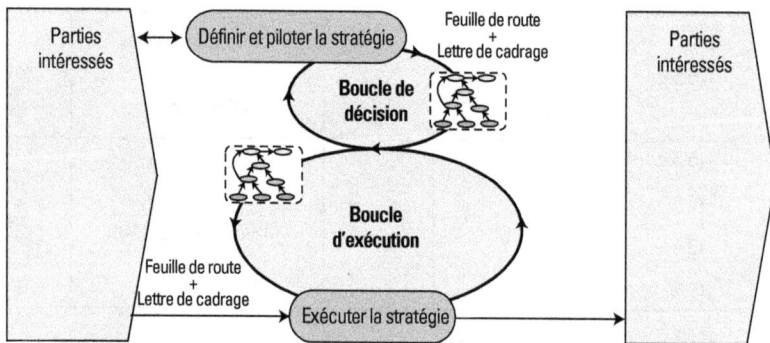

Figure 1.16
Boucle en 8 : la boucle de décision ou de management

- La **boucle d'exécution** (ou boucle de réalisation) : elle correspond à la perspective opérationnelle de l'organisation, la finalité étant d'exécuter la stratégie (voir Figure 1.17).

---

1. Le «modèle en 8» est une marque commerciale déposée à l'INPI par la société ReUSE en 1999. Un modèle similaire a été présenté en août 2000 dans la *Harvard Business School Review*.

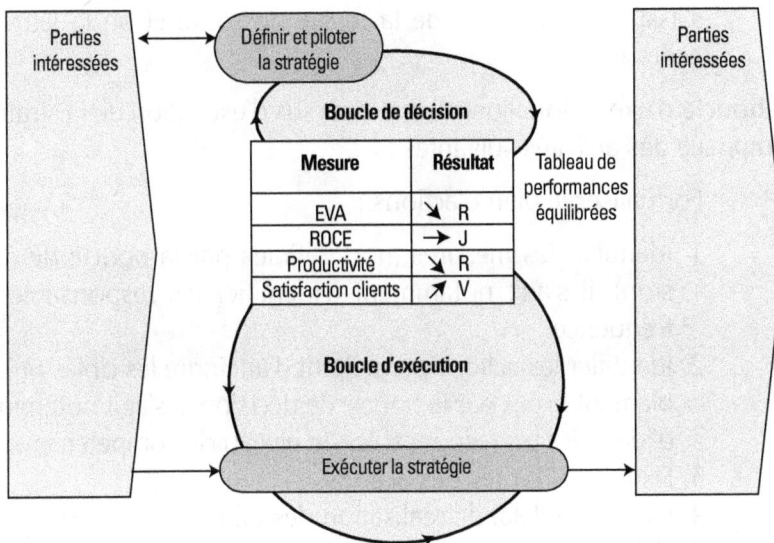

Figure 1.17
Boucle en 8 : la boucle d'exécution de la stratégie

La synchronisation entre ces deux boucles est réalisée par l'intermédiaire des revues de décision et des revues d'exécution. Le conseil suivant (de Michael Eisner, PDG de Disney) prendra donc ici toute son importance : «Organisez des réunions sur des sujets qui en valent la peine.»

La **boucle de décision** illustre un processus de pilotage de la stratégie composée des activités suivantes :

- Clarifier la mission de l'organisation (après diagnostic).
- Définir la vision du manager de l'organisation.
- Identifier les valeurs structurelles de l'organisation.
- Concevoir la carte stratégique et le tableau de performances (lettre de mission) :

1. Concevoir la dimension résultats.
2. Concevoir la dimension leviers.

- Définir et allouer le budget (lettre de cadrage).
- Communiquer la lettre de mission et la lettre de cadrage à la boucle de réalisation.

- Effectuer périodiquement des revues stratégiques afin de s'assurer du respect de la feuille de route et de la lettre de cadrage.

La **boucle d'exécution** illustre un processus d'exécution de la stratégie composée des activités suivantes :

- Formaliser le plan d'actions :

  1. Identifier les mesures (non définies par la boucle de décision). Il s'agit notamment d'identifier les responsables, la fréquence...
  2. Identifier les actions permettant d'atteindre les cibles préalablement fixées par la boucle de décision. Il s'agit notamment d'identifier les responsables, le niveau de compétence...
  3. Fixer les priorités des actions.
  4. Estimer le délai de réalisation des différentes actions.
  5. Valider les mesures, les actions, les priorités, les délais...
  6. Formaliser les revues opérationnelles afin de s'assurer du respect de la feuille de route et de la lettre de cadrage.
  7. Formaliser les communications périodiques avec la boucle de décision.

- Exécuter le plan d'actions.

Quelques conseils pour concevoir une BSC

Ainsi, une BSC est une représentation détaillée de la vision stratégique du manager d'une organisation et de son processus de pilotage et d'amélioration continue. Pour obtenir le meilleur d'une BSC et en faire un instrument de pilotage au quotidien, Kaplan et Norton proposent de la coupler à la procédure budgétaire. Kaplan et Norton expliquent que la BSC fournit «un dosage équilibré» d'indicateurs externes à l'intention des actionnaires et des clients, et d'indicateurs internes sur les éléments décisifs que sont pour l'organisation les processus internes et les structures apprenantes (voir Figure 1.18).

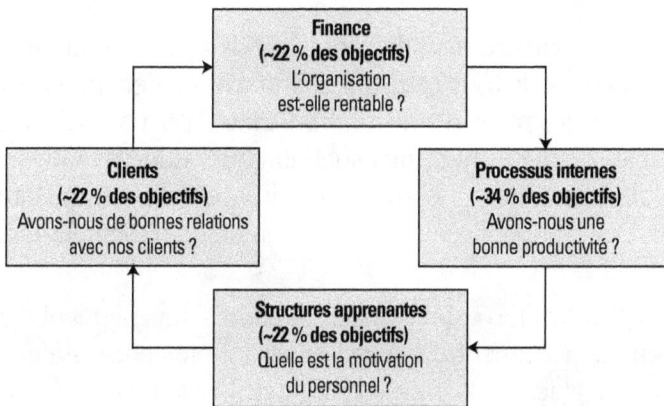

Figure 1.18
Balanced Scorecard : la «Balance» proposée par Kaplan et Norton

Délai de conception d'une Balanced Scorecard

Typiquement, toutes organisations confondues, la conception d'une BSC nécessite entre 8 et 12 semaines. Par contre, son déploiement est compris entre 12 et 18 mois (tenant compte de la connexion d'une BSC au système d'informations de l'organisation). La pratique d'une BSC demande un long apprentissage, alors mieux vaut se dire comme Foch : «Puisque c'est à long terme, je commence tout de suite»! Mais surtout, soyez patient.

Les clients d'une Balanced Scorecard

La direction générale (*executive leadership*), les fonctions de support (ressources humaines, information et communication, QSHE, approvisionnement…), les lignes de business (*business units*) ainsi que les équipes et le personnel sont les clients privilégiés d'une BSC. Retenez simplement que si vous ne pouvez pas décrire votre vision stratégique, vous ne pourrez pas mesurer votre performance, et si vous ne pouvez pas mesurer votre performance, vous ne pourrez pas manager.

La communication/l'évaluation

Une BSC est un instrument de pilotage et de communication qui impli-
que le concours de tous ceux qui définissent et mettent en application
la stratégie et les plans d'amélioration. Chez ABB, par exemple, les BSC
font l'objet d'un coaching mensuel au cours duquel le personnel est
amené à positionner sa contribution aux objectifs stratégiques. Chez
UPS, les BSC sont utilisées dans une démarche d'évaluation des compétences.

Si cette collaboration est favorisée, les cadres qui craignent d'être soumis à un tel instrument d'évaluation seront plus enclins à encourager
sa mise en place, la communication des résultats et des initiatives
d'amélioration. La communication est une étape importante pour le
succès d'une BSC. Pour ce faire, nous vous conseillons d'utiliser les
NTIC (logiciels, salles *cockpit*, vidéo, intranet…), lettres d'information,
articles, livres…

Portage de la stratégie par l'organisation

Kaplan et Norton constatent à juste titre que la stratégie est rarement
formalisée et rapprochée de l'organisation.

Nous pensons que l'expression «aligner la stratégie sur l'organisation»
est trop analytique et pas assez systémique. Nous lui préférons les
expressions «rapprocher la stratégie et l'organisation» ou «portage de
la stratégie par l'organisation» ou, pourquoi pas, «réaliser une symétrie
entre la stratégie et l'organisation». Nous y reviendrons au Chapitre 5.

Un cadre générique de pilotage à 5 dimensions

Kaplan et Norton proposent un cadre de pilotage d'une organisation
à 4 dimensions centré sur l'actionnaire (stratégie oblige). Afin de sépa-
rer les objectifs de l'actionnaire tels que la valeur pour l'actionnaire
(EVA…) des objectifs financiers tels que le budget, nous vous proposons le modèle à 5 dimensions de la Figure 1.19.

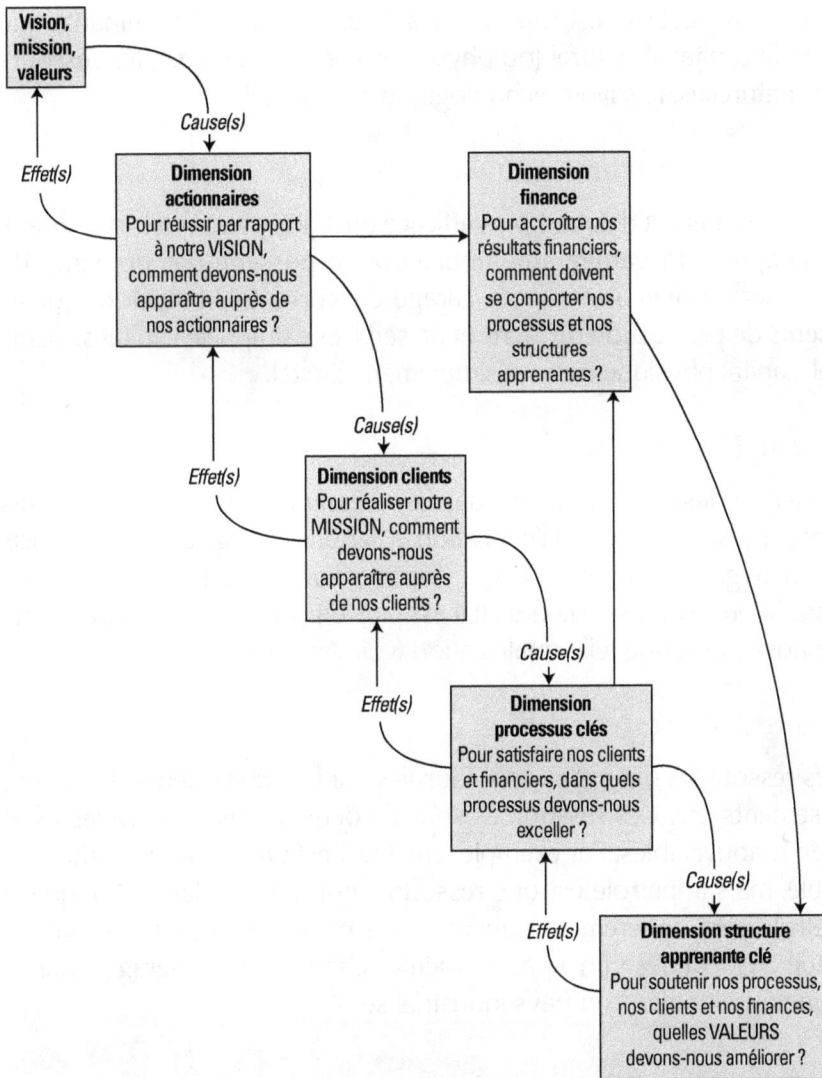

Figure 1.19
Un cadre de pilotage stratégique à 5 dimensions

Importance de la structure apprenante ?

Pour comprendre l'importance de la structure apprenante, nous vous conseillons de l'aborder sous l'angle de la productivité (soit la quantité de biens et/ou de services produite par heure travaillée). Nous savons que la productivité est fonction des divers facteurs déterminants que sont le capital structurel (ou physique), le capital humain, les ressources naturelles, le savoir technologique et le travail.

Le capital structurel (ou physique)

Le personnel est d'autant plus efficace qu'il dispose d'outils nombreux et adaptés. Un garage automobile qui ne possède pas de bancs de tests sera moins armé qu'un garage concurrent. Un stock d'équipements de production de biens et de services est appelé capital structurel, capital physique ou tout simplement capital.

Le capital humain

Ce terme désigne l'ensemble des connaissances et des talents acquis par le personnel grâce à l'éducation, à l'apprentissage et à l'expérience. Ainsi, le garage automobile qui dispose d'un personnel qualifié pouvant opérer sur les moteurs HDI est plus efficace que le garage qui ne dispose pas d'une telle qualification (voir Annexe A).

Les ressources naturelles

Les ressources naturelles sont fournies par la nature : terrains, rivières, gisements, etc. Ces ressources sont de deux sortes, renouvelables et non renouvelables. Par exemple, une forêt est une ressource renouvelable, mais le pétrole est une ressource non renouvelable. Lorsque le pétrole sera entièrement consommé, il n'y en aura plus. Un garage situé en plein désert n'a pas les mêmes chances qu'un garage situé en zone urbaine dans un pays industrialisé.

Le savoir technologique

Il est important de distinguer le savoir technologique du capital humain. Le savoir technologique recouvre ce que l'organisation connaît du fonctionnement du monde. Le capital humain concerne les ressources consacrées à la transmission de la connaissance.

Ainsi, le savoir technologique regroupe l'ensemble des connaissances applicables au processus de production (au sens large). Ce savoir est donc multiforme : il peut s'agir d'une recette (la recette du pastis est bien conservée), de procédures métiers, etc.

Le travail

Le travail regroupe toutes les personnes qui contribuent à la production.

La fonction de production

Les économistes utilisent une fonction de production pour décrire la relation entre quantité de facteur de production et production : soit Q la quantité de production, L la quantité de travail, K la quantité de capital physique, H la quantité de capital humain et N la quantité de ressources naturelles. On peut écrire l'équation ci-dessous, dans laquelle $f()$ est une fonction qui indique comment les facteurs de production sont combinés entre eux dans le processus de production. A est une variable qui reflète le niveau de la technologie de production disponible :

$$Q = A \times F (L, K, H, N)$$

Avec le progrès technologique (l'une des structures apprenantes), A croît et l'économie produit davantage pour une combinaison donnée des facteurs de production.

La plupart des fonctions de production présentent une caractéristique appelée «rendement d'échelle constant», qui signifie que le doublement de tous les facteurs de production se traduira par un doublement de la quantité produite. Mathématiquement, la fonction décrite ci-dessous offre des rendements d'échelle constants si, pour toute valeur positive x :

$$xQ = A \times F (xL, xK, xH, xN)$$

Les fonctions de production de ce type ont une propriété intéressante. Écrivons $x = 1/L$. L'équation devient alors :

$$Q/L = A \times F (1, K/L, H/L, N/L)$$

Or Q/L est la production par travailleur, c'est-à-dire la productivité. Cette équation nous indique que la productivité (l'un des objectifs du domaine système/processus de la BSC) est une fonction du capital structurel par travailleur (K/L), du capital humain par travailleur (H/L) et des ressources naturelles par travailleur (N/L). Elle dépend aussi de la technologie, reflétée par la variable A.

Cette équation démontre qu'une structure apprenante composée du capital structurel, du capital humain, des ressources naturelles et du savoir technologique influence la productivité des systèmes/processus clés.

La carte stratégique : comment valider la «route»?

Kaplan et Norton proposent un modèle unique d'interactions «stratégico-économiques» illustrant une hiérarchie d'objectifs, sans toutefois nous éclairer sur les critères de la «balance». Nous savons toutefois que 22 organismes ont mis en œuvre la BSC avec succès, en définissant la «balance» suivante :

- finance = 20 % ;
- clients = 24 % ;
- processus internes = 37 % ;
- structures apprenantes = 18 % des objectifs stratégiques.

Nos expériences de déploiement d'une BSC nous ont permis de proposer également d'autres cartes stratégiques, inspirées des travaux de Ross D. Shachter (Stanford University), en introduisant la notion de création de valeur (voir figures 1.20 à 1.22).

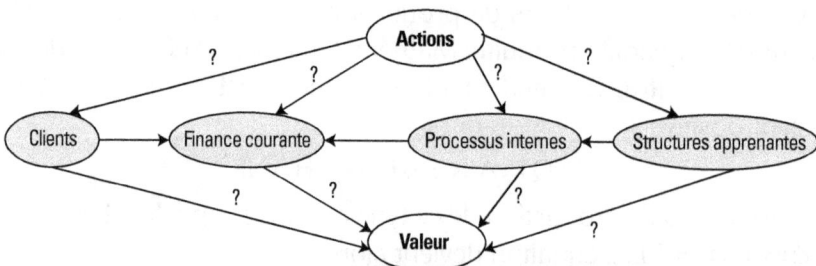

Figure 1.20
Toutes les dimensions contribuent à la création de valeur

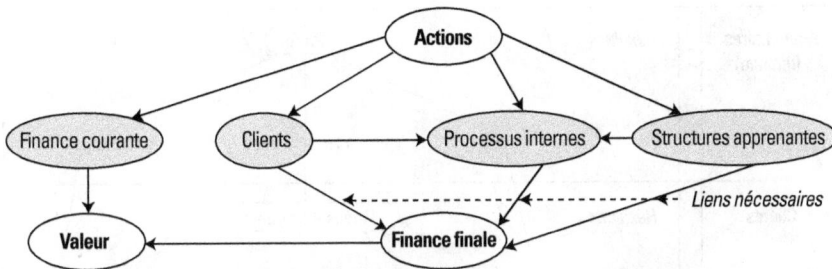

Figure 1.21
Certaines dimensions contribuent directement à la création de valeur
(finance courante) et d'autres indirectement

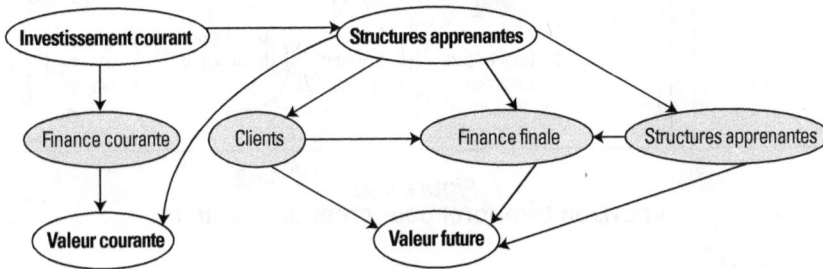

Figure 1.22
La spirale de croissance

Horizon temporel et thèmes stratégiques

Les axes ou thèmes stratégiques qui déterminent le «cap» du voyage stratégique vous aident à fixer «l'horizon temporel» afin de créer la valeur pour le client et l'actionnaire.

Exemple : quand le prix de l'essence grimpe, la quantité consommée baisse peu les premiers mois. Au fur et à mesure que le temps passe, en revanche, les personnes finissent par acheter des voitures qui consomment moins, elles utilisent davantage les transports publics ou déménagent pour habiter plus près de leur lieu de travail. Après un «certain temps» (quelques années), la consommation d'essence aura significativement diminué (voir Figure 1.23).

Tout objectif non assigné par un échéancier doit être considéré comme nul.

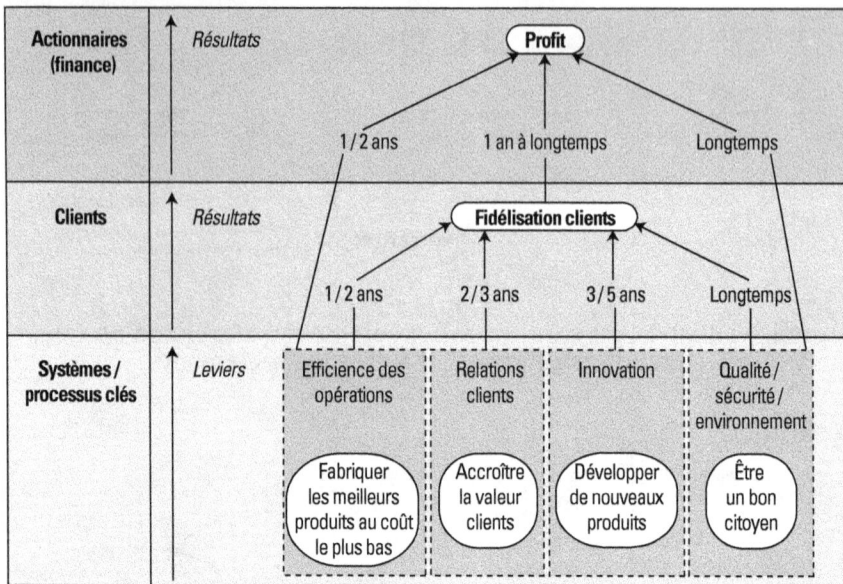

Figure 1.23
L'horizon temporel pour créer de la valeur

Il est toujours difficile, sauf expérience similaire, de déterminer le délai d'une opération. Vous pouvez cependant utiliser, en groupe de travail, plusieurs lois mathématiques : la loi de Béta ou de Pearson (où $m = o + 4r + p/6$, avec m = délai moyen, o = délai optimiste, r = délai réaliste, p = délai pessimiste), la simulation de Monte Carlo, etc.

Quelle est la différence, en macroéconomie, entre le court et le long terme ?

À long terme, taux d'intérêt et niveau général des prix s'adaptent à un niveau donné de production. À court terme, taux d'intérêt et production s'adaptent à un niveau donné de prix.

Les mesures

«On utilise des chiffres pour communiquer ce qui se cache derrière les mots.»

Une mesure est une métrique d'exécution, répétable, quantifiable et vérifiable, qui permet d'évaluer «la contribution de l'objectif stratégique». La valeur de la mesure reflétera la tendance et l'importance du phénomène observé, l'état d'avancement par rapport à la cible.

Par exemple, l'objectif stratégique «satisfaction des employés» – s'il est courant de mesurer la satisfaction du personnel lors d'entretiens individuels, il est moins courant de demander au personnel de donner une appréciation du management… – peut être mesuré, à une certaine fréquence, sur une échelle de 1 à 5, à partir d'informations telles que :

- les relations avec son supérieur direct ;
- les relations avec le top management ;
- le salaire ;
- les conditions de travail ;
- les tâches à exécuter ;
- le moral, etc.

Nous vous conseillons de mesurer les causes, et non les effets, en recherchant la tendance, et non la précision. De même, il est souhaitable de proposer de nouvelles mesures chaque fois que vous présentez de nouveaux objectifs. Si vous modifiez la stratégie, nous vous conseillons de changer les mesures afin que le personnel sache que la stratégie a été modifiée.

Combien de mesures devrait comporter une BSC ?

Il faut compter 20 à 30 mesures liées par une chaîne causale pour constituer une BSC correcte. Par contre, une BSC composée de 20 à 30 mesures non liées est beaucoup trop complexe pour permettre un pilotage efficace de l'organisation.

Les cibles

C'est en contrôlant systématiquement votre position par rapport à la cible que vous saurez si vous êtes dans la bonne direction.

Sommes-nous dans la bonne direction?

La valeur de la cible est-elle trop ou pas assez ambitieuse?

Comment se positionnent nos concurrents par rapport à nos cibles?

L'approche BSC privilégie la notion de cible, qui illustre le but à atteindre, plutôt qu'une analyse des écarts. Pour Jean-Pierre Ponssard et Olivier Saulpic [du Laboratoire d'Économétrie de l'École Polytechnique], «on substitue donc à une analyse budgétaire classique d'écarts, confiée au contrôleur de gestion, un pilotage technico-économique dans lequel les responsables concernés peuvent prendre conscience de l'interaction entre leurs engagements respectifs (délai de réalisation, niveau de qualité, etc.)».

Les cibles aident l'organisation à progresser vers des objectifs, mais également à communiquer avec l'ensemble de ses acteurs.

Les actions

Les actions (ou initiatives) sont des «idées» pour atteindre la cible ou, à défaut, s'en rapprocher. Elles naissent à la base, au contact du terrain. Mais leur mobilisation et leur diffusion sous-tendent fluidité et rapidité, dans un processus «*bottom up*» (ascendant). Les actions doivent être analysées en termes de responsabilité de l'action, de priorité, de délai de mise en œuvre, d'importance stratégique, de gain espéré, de budget, de risque de ne pas atteindre la cible, etc.

> **Quelles actions devons-nous prendre pour atteindre la cible, pour corriger la trajectoire?**
>
> **Que devons-nous faire pour ne pas nous écarter de notre mission?**
>
> **Quels sont les risques de ne pas atteindre la cible?**

Les incitations

Balanced Scorecard ou non, cela n'empêchera nullement certains managers de constituer des «matelas» sur l'objectif stratégique en vue de négociations futures.

Citons à nouveau Jean-Pierre Ponssard et Olivier Saulpic : «Pour éviter cette dérive, un bonus est directement associé à la capacité de l'entité (usine, service, département, équipe…) à bien anticiper ses coûts annuels moyens. L'idée est la suivante : en fin d'année, une prime est accordée en fonction d'un indicateur P construit comme indiqué ci-dessous :

$$\text{Soit } X(n) = (\text{coût annuel moyen constaté – anticipation} \\ \text{du coût annuel moyen au mois n})^2$$

On définit l'indicateur P par :

$$P = n \times X(n)$$

Plus P est élevé, moins le responsable a été capable d'anticiper l'évolution de ses coûts et donc moins il "pilote" l'entité vers une cible maîtrisée. Donc plus P est élevé, plus la prime sera faible.»

Déploiement du tableau de bord au niveau individuel

Vous pouvez formaliser le pilotage d'une organisation matricielle en intégrant les différents niveaux hiérarchiques de l'organisation dans un seul tableau de performances équilibrées (voir Figure 1.24).

Objectif	Mesure(s)	Cible(s)	Responsable	Action(s)
Améliorer le support clients	# d'heures avec le client	10 h/semaine	M. Durand	Développer le CRM Améliorer les bases de données clients

Figure 1.24
Définition des actions

Ce tableau est intéressant en ce qu'il montre qu'un même objectif (développement de la compétence, satisfaction des clients…) peut être déployé du niveau stratégique (responsable du SI) au niveau individuel (développeurs). Il est à la charge de chacun d'identifier la mesure la plus appropriée à l'objectif. Ainsi, chacun pourra comprendre comment sa performance et les actions qu'il entreprend ont un impact sur la performance globale de l'organisation.

Ce type de déploiement de la BSC est cependant inadapté aux organisations complexes (multi-sites, pays...).

Dimension	Objectif	Mesure(s) pour le responsable SI	Mesure(s) pour les chefs de projet	Mesure(s) pour les développeurs
Finance (résultats financiers)	Coûts de développement / maintenance de logiciels internes	% revenu investi dans le transfert de la connaissance (SI)	Coût par activité (ABC)	% de réutilisation (modules, fonctions réutilisées)
Clients (internes)	Satisfaction des clients internes	Rapport besoins exprimés / besoins satisfaits	% de clients internes satisfaits de l'application	# de réclamations clients
Processus clés	Améliorer le développement et le maintien des applications	% de projets dans les délais et dans le budget	% d'applications en défaut	# de défauts par point de fonction
Structure apprenante clé	Améliorer la compétence du personnel	% du budget consacré à la formation et au développement du personnel SI	% de personnes certifiées (Microsoft, SQL, Oracle…)	# de personnes compétentes par technologie (Microsoft, SQL, Oracle…)

Figure 1.25
BSC pour la DSI : le même objectif... mais à chacun sa mesure...

Le rapport de pilotage

Le rapport de pilotage (ou rapport d'activité) devrait comprendre les éléments suivants :

- la vision du manager (ou de l'équipe de direction);
- la mission de l'organisation;
- les valeurs de l'organisation;
- la carte stratégique (objectifs, chaîne causale, thèmes stratégiques et horizon temporel);
- la ou les mesures (ou indicateurs de mesures) associées à l'objectif;
- la cible planifiée;
- les résultats obtenus et leur mode de calcul (fréquence...);
- les écarts entre la cible planifiée et la cible réalisée;
- les actions entreprises pour atteindre la cible planifiée;
- les éventuels effets secondaires désirables et non désirables;
- les enseignements et conclusions pour le prochain cycle de planification stratégique.

Les limites de la Balanced Scorecard

La BSC met essentiellement l'accent sur le suivi de la contribution des collaborateurs et insuffisamment sur l'importance des aspects intangibles tels que le service. De plus, elle exclut l'environnement externe comme dimension importante ayant un impact sur la performance de l'organisation. Enfin, une BSC et la fonction R&D ne font pas bon ménage.

Est-ce bien raisonnable de piloter un système d'innovation selon une chaîne déterministe (cause à effet)?

En réalité, le pilotage de la R&D ne peut être formulé selon une logique déterministe en raison de deux éléments cruciaux : l'incertitude du résultat et le délai pour obtenir un résultat (si résultat il y a...).

Faire et ne pas faire : notre expérience

Vous devez :

- Obtenir l'adhésion des cadres supérieurs.
- Constituer des équipes pluridisciplinaires.
- Vous concentrer sur des objectifs stratégiques.
- Vous assurer que les objectifs sont transmis aux acteurs concernés.
- Utiliser des formules standard pour les mesures.
- Communiquer en «tête-à-tête» pour être plus efficace.
- Célébrer le succès!
- Être flexible et patient.

Vous ne devez pas :

- Laisser la BSC devenir «une chose de plus à faire».
- Laisser la BSC devenir une technique de «micromanagement».

La Balanced Scorecard : un levier de performance stratégique

La BSC peut être un levier innovant de communication et de management de la stratégie d'une organisation. Toutefois, comme pour toutes les innovations, l'établissement de sa validité prend du temps. Kaplan et Norton considèrent la BSC comme un guide stratégique complet et fiable. Nous pensons toutefois qu'il y a toujours un danger à assurer une «hyper-promotion» d'une nouvelle méthode. Cela peut conduire à la déception, au scepticisme, et masquer des avantages significatifs, même s'ils ne sont pas toujours aussi importants que ceux annoncés.

Lors du déploiement de BSC, que nous avons expérimenté en Europe dans des organisations comptant plus de 200 personnes (70 % de PME et 30 % de grandes entreprises), les facteurs suivants se sont avérés conflictuels entre les acteurs :

- vision à court terme des managers;
- mesures imprécises ou subjectives;
- communication à sens unique (de haut en bas) au sujet d'une BSC;

- *benchmarks* inadéquats mais tout de même utilisés pour l'évaluation ;
- résultats ou effets négatifs obtenus ne pouvant être attribués à une mauvaise conception d'une BSC comme modèle causal d'effets souhaitables ;
- résultats positifs non attribuables à la BSC (omis) ;
- absence de lien direct entre les indicateurs d'une BSC et les objectifs stratégiques de l'organisation ;
- cloisonnement de l'organisation (malgré l'approche processus).

Bien que certains de ces facteurs défavorables fassent l'objet de plans d'amélioration, la plupart s'avèrent être des causes de conflit et de tension improductives ou d'un climat général d'inefficacité. Les solutions qui ont été apportées pour améliorer la mise en œuvre d'une BSC sont simples :

- amélioration du dialogue entre la direction et ses responsables au sujet de facteurs importants mais inefficacement mesurés ou incompris ;
- mise en place d'une procédure de re-prévision des objectifs (annuels, semestriels) ;
- prise en compte des contraintes opérationnelles lors de l'élaboration de la carte stratégique ;
- intégration dans les organisations existantes afin de poser d'emblée les questions techniques en matière de systèmes d'information ;
- création d'une base d'apprentissage collectif.

Néanmoins, nous avons observé par des résultats tangibles que la mise en place d'une BSC offre de nombreuses occasions de développer, communiquer et mettre en œuvre la stratégie. Ainsi, de nombreux managers s'en servent pour réorganiser leurs ressources et activités, et dans de nombreux cas pour améliorer les résultats. Sans aller jusqu'à affirmer que la BSC est la pierre philosophale du pilotage et de l'amélioration, il n'en demeure pas moins qu'elle est un dosage réussi de concepts et d'analyses de faits, qui permet de communiquer et animer la stratégie dans une organisation.

La mise en place d'une BSC a permis d'atteindre les buts stipulés au paragraphe «Les buts d'une Balanced Scorecard», à savoir :

- clarifier le consensus stratégie ;
- mettre en place une culture fondée sur la transparence ;
- communiquer la stratégie dans toute l'organisation ;
- rapprocher les objectifs des organisations (directions, services, départements) et du personnel de la stratégie ;
- lier des objectifs stratégiques aux cibles à long terme et aux budgets annuels ;
- identifier et rapprocher les initiatives stratégiques ;
- renforcer les arbitrages entre objectifs et ressources associées ;
- exécuter les revues stratégiques périodiques et systématiques ;
- obtenir la rétroaction pour améliorer la stratégie.

La Balanced Scorecard peut être un excellent levier de performance stratégique à condition toutefois qu'elle soit associée :

- À **l'approche système**, comme l'affirme David Norton (co-auteur de la BSC) dans un article[1] publié dans la revue *Balanced Scorecard Report*.
- Aux **archétypes dynamiques**, comme nous avons pu le vérifier auprès d'organisations ayant définitivement opté pour la BSC : nous avons collecté nos premiers retours d'expériences auprès de 16 entreprises françaises et internationales, après 2 ans de pilotage selon la BSC.

Dans le cas contraire, la Balanced Scorecard sera souvent considérée par les managers comme un nouvel effet de mode «made in USA», surtout en France, où la culture scientifique du tableau de bord est profondément ancrée.

Qu'est-ce que l'approche système ?
Qu'est-ce qu'un archétype dynamique ?

---

1. «Is management finally ready for the "Systems Approach"?», *Balanced Scorecard Report*, Harvard Business School, 2000.

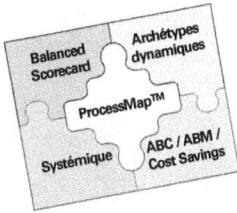

Chapitre 2

Un levier de performance organisationnelle : la systémique

«[…] Il est clair que l'analyse cartésienne qui propose de découper la complexité en éléments simples ne suffit plus à rendre compte de l'évolution des systèmes complexes, comme les villes, les sociétés humaines ou l'économie. Or la méthode systémique vient compléter la démarche analytique traditionnelle.

En se concentrant sur les liaisons entre éléments variés constituant des systèmes, leurs niveaux d'organisation et la dynamique de leurs interactions, la systémique permet de mieux décrire la complexité, et surtout d'agir sur elle avec une plus grande efficacité. "Analytique" et "systémique" sont désormais complémentaires…»

Joël DE ROSNAY

Pourquoi la systémique?

Les organisations s'appuient sur l'ordre et la stabilité pour assurer leur mission. Comme le notent Daft et Lengel[1], «en réaction à la confusion issue de l'environnement et des différences internes, les organisations doivent créer un niveau acceptable d'ordre et de certitude». La systémique permet d'obtenir un tel niveau.

Qu'est-ce que la systémique?

La pensée linéaire

En pratique, on confond souvent l'approche analytique (l'approche processus) avec l'approche système. Or, même si elles sont complémentaires, comme l'affirme Joël de Rosnay, ces approches sont cependant distinctes.

Une carte de processus illustre une séquence d'activités où les flèches précisent la chronologie des activités dans le temps.

Ainsi, la majorité des cartes de processus représentent les flèches par une ligne droite (dans un seul sens). Une modification de l'un des éléments de la chaîne n'entraîne pas nécessairement la modification des autres éléments. Cette approche illustre la pensée linéaire.

Il existe de très nombreuses définitions du terme «processus». Parmi ces différentes définitions, nous en avons retenu trois :

- «Nous appellerons processus… un ensemble physique susceptible d'évoluer en fonction d'une variable indépendante appelée temps» (J. Boudarel, 1967).
- «Les processus sont les moyens à l'aide desquels l'organisation met en œuvre et déploie les compétences de son personnel pour produire des résultats» (European Foundation Quality Management, EFQM).

---

1. Daft R., Lengel R., «Organizational Information Requirements, Media Richness and Structural Design», *Management science*, vol. 32, n° 5, Mai 1986.

- «Processus : ensemble d'activités corrélées ou interactives qui transforme des éléments d'entrée en éléments de sortie» (ISO 9000 : 2000).

La carte de processus représentée à la Figure 2.1 illustre la séquence d'activités (A1-Étudier faisabilité → A2-Concevoir produit → A3-Certifier produit → A4-Déployer et stabiliser produit) qui composent le processus «Développer applications». Vous pouvez identifier les données d'entrées (données clients, décisions), les données de sorties (réponse, demande, résultats revue projet) et le résultat de sortie du processus (produit).

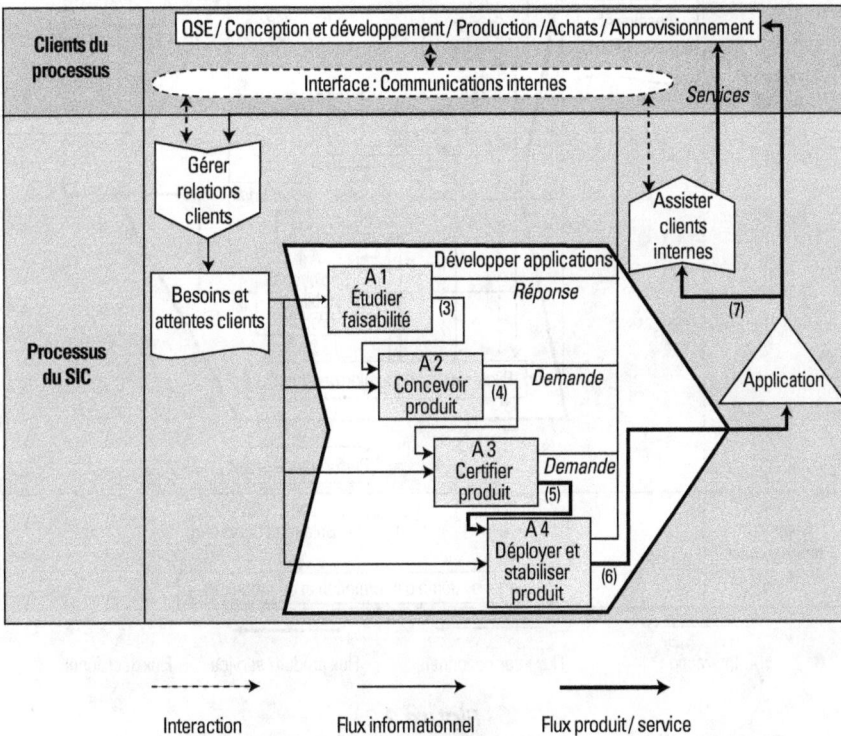

Figure 2.1
Carte ou diagramme de processus : la séquence est identifiée par des chiffres sur les flux

La carte de processus proposée à la Figure 2.2 représente la séquence d'activités ainsi que les interactions. Les activités «étudier faisabilité» (A1), «concevoir produit» (A2), «certifier produit» (A3) et «déployer et stabiliser produit» (A4) interagissent (à n'importe quel moment) avec l'activité «piloter le projet».

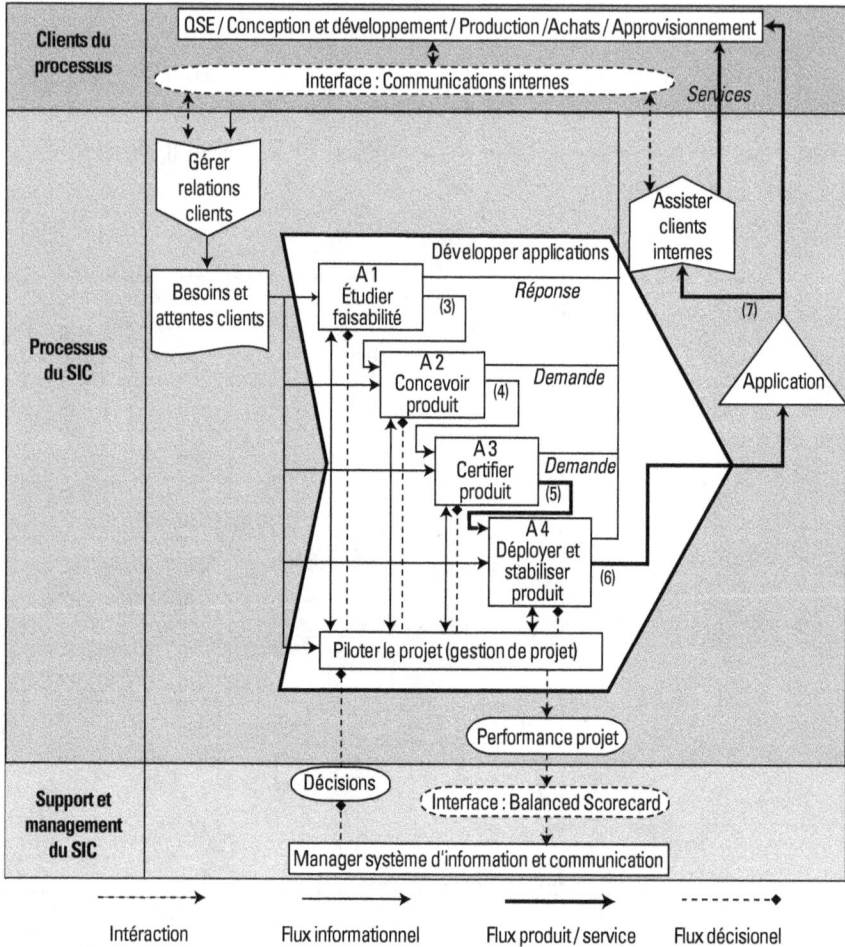

Figure 2.2
Carte ou diagramme de processus : séquence et interactions

Vous constaterez cependant que cette représentation n'est pas facile à lire et à interpréter; elle le sera encore moins lorsqu'il s'agira d'illustrer les interactions entre les différents processus de l'organisation.

La pensée systémique

La pensée systémique n'est certes pas un principe novateur puisqu'elle existe depuis plusieurs années. Le mot *système* vient du verbe grec *sunistanai*, qui signifiait à l'origine «provoquer le fait d'être ensemble». Sans remonter le temps jusqu'à Léonard de Vinci[1] et Paul Valery[2], et sans oublier H. A. Simon, prix Nobel de sciences économiques en 1978, la systémique a été formellement exposée dès 1948 par le biologiste Ludwig von Bertalanffy (*General System Theory*).

Le but de cette science des systèmes, dont les fondements furent spécifiés en 1920 par le chercheur russe Alexander Bogdanov, était de dégager des principes explicatifs de l'univers considérés comme des systèmes à l'aide desquels on pourrait modéliser la réalité. Bertalanffy proclamait alors : «Il y a des systèmes partout», ce qui signifie que l'on peut observer et reconnaître partout des objets possédant les caractéristiques des systèmes.

Il existe à ce jour plus d'une centaine de définitions différentes du mot système. Nous vous proposons un voyage dans le temps…

- «Le système est un ensemble d'unités en interrelations mutuelles» (Von Bertalanffy)[3].
- «Le système : un processus de rétroaction ayant une structure spécifique et ordonnée» (Jay Forrester)[4].
- «Un système est un ensemble d'éléments en interaction dynamique, organisés en fonction d'un but» (Joël de Rosnay)[5].
- «Un système est un objet qui, dans un environnement doté de finalités, exerce une activité et voit sa structure interne évoluer au fil du temps, sans qu'il perde pourtant son identité unique» (Jean-Louis Le Moigne)[6].
- «Ensemble d'unités en interrelations mutuelles» (Jacques Lesourne)[7].

---

1. Voir son *Traité de la peinture*, 1651.
2. Voir son *Introduction à la méthode de Léonard de Vinci*, 1895.
3. Von Bertalanffy (Ludwig), *Théorie du système général*, 1948.
4. Forrester (Jay), *Urban Dynamics*, 1969.
5. De Rosnay (Joël), *Le Macroscope*, 1975.
6. Le Moigne (Jean-Louis), *Théorie du système général*, 1977.
7. Lesourne (Jacques), *Les systèmes du destin*, 1976.

- «Un système est une unité globale organisée d'interrelation entre éléments, actions ou individus» (Edgar Morin)[1].
- «Un système est un ensemble d'éléments corrélés et interactifs» (ISO 9000 : 2000).

Fondamentalement, tout peut être classé et défini comme un système : les organismes biologiques (y compris le corps humain), l'atmosphère, les maladies, les usines, les réactions chimiques, les entités politiques, les communautés, les industries, les familles, les équipes, de même que toutes les autres organisations comme une forêt, une automobile, une bicyclette…

En effet, une bicyclette peut être considérée comme un système.

Les fonctions d'une bicyclette (rouler, s'arrêter…) dépendent des interactions entre ses éléments ou composantes, à savoir : le cadre, le pédalier, la chaîne, les roues, les freins, etc.

Cependant, ces éléments ne permettent pas d'identifier une bicyclette parce que la fonction de la bicyclette n'est pas incluse dans les différents éléments mais dans l'interaction entre ceux-ci. Si une personne qui n'a jamais vu une bicyclette en aperçoit une couchée sur le sol, elle ne la considérera jamais comme autre chose que du métal soudé!

Par contre, si cette personne voit quelqu'un monter sur la bicyclette, elle identifiera la ou les fonctionnalités de celle-ci et imaginera qu'elle peut servir à transporter des choses, à prendre du bon temps, qu'elle peut être collectionnée, etc. Sans le cycliste, le comportement du «système bicyclette» n'existe pas : «Percevoir un objet, c'est nécessairement lui attribuer quelques nécessités» (Jean-Louis Le Moigne).

Une ville peut être également perçue comme un système dont le but serait de fournir un emploi, un logement et d'autres prestations sociales pour ses habitants. L'arbre et la forêt peuvent aussi être considérés comme des systèmes.

---

1. Morin (Edgar), *La méthode*, 5 vol. parus en 1977, 1980, 1986, 1991 et 2001.

Les frontières du système

Un arbre est un système qui transforme les aliments et l'eau en gaz. Un arbre seul supporte mal le vent et la pluie. Il est fragile. Par contre, une forêt (donc un ensemble d'arbres) est beaucoup plus résistante. L'ensemble des différents arbres de la forêt modifient le sol et la topographie ainsi que le microclimat. C'est le comportement du «système forêt».

Où se termine la forêt et où commence la prairie?

Tout système est défini à partir de ses frontières. Mais il n'est pas toujours facile de définir celles-ci. Nous savons qu'une voiture est une somme de fonctions (rouler, freiner…) et d'interactions entre tous ses composants (pneus, freins). La voiture assure ces fonctions par des procédés de rétroaction de tous ses composants correctement placés. Nous savons par exemple que les pneus doivent être placés sous la voiture et qu'ils doivent être ronds (circulaires) pour remplir correctement leur fonction.

Les frontières du «système voiture» pourraient être la structure physique de tous ses composants (le moteur, la batterie, les pneus…) ou la voiture elle-même, qui aurait pour entrées le carburant et l'air, et pour sorties les vapeurs d'échappement et l'énergie cinétique. Nous pourrions cependant étendre les frontières du «système voiture» en incorporant la pollution du carburant et l'atmosphère. Le «système voiture» serait alors un sous-système d'un système plus large appelé par exemple «système de pollution atmosphérique».

De même, nous pourrions réduire les frontières du «système voiture» en décidant d'analyser la batterie de la voiture. Le «système batterie» serait alors un sous-système du «système voiture» composé d'éléments tels que les accumulateurs, l'eau, l'acide, etc. Le «système batterie» remplit correctement sa mission (emmagasiner de l'énergie sous forme chimique pour la restituer sous forme électrique) si certains facteurs essentiels sont présents (quantité d'eau et d'acide). Le système est équilibré : encore une histoire d'équilibre !

Ainsi, pour identifier les frontières d'un système, vous pouvez identifier ses entrées et sorties de même que son fonctionnement de base, en vous rappelant que le plus important est de comprendre la dynamique du système et non de détailler sa complexité.

Par exemple :

- Une ville est un système urbain constitué de composants en interaction tels que l'économie, l'organisation sociale, les infrastructures, les automobiles, les personnes, etc. Le système urbain transforme les ressources et l'énergie en déchets, pollution, produits consommables, etc.
- Une automobile est un système constitué de composants en interaction tels que le moteur, la boîte de vitesse, la batterie, les pneus, etc. Le système automobile transforme du carburant en énergie cinétique.
- Une batterie de voiture est un système confiné par son enveloppe et les composants en interaction tels que l'eau, le cuivre, l'acide, le fer, qui créent de l'énergie chimique. Le système batterie transforme l'énergie chimique en énergie électrique.

Plusieurs approches de la systémique peuvent être utilisées en fonction du but recherché. Parmi ces différentes approches, nous nous intéresserons plus particulièrement à :

- l'approche fonctionnelle des systèmes;
- l'approche dynamique des systèmes.

L'approche fonctionnelle des systèmes

Ce type d'approche propose de représenter de manière descendante (le père, le fils...) les organisations sous forme de fonctions, systèmes ou processus en interaction, comme le montrent les figures 2.3 et 2.4.

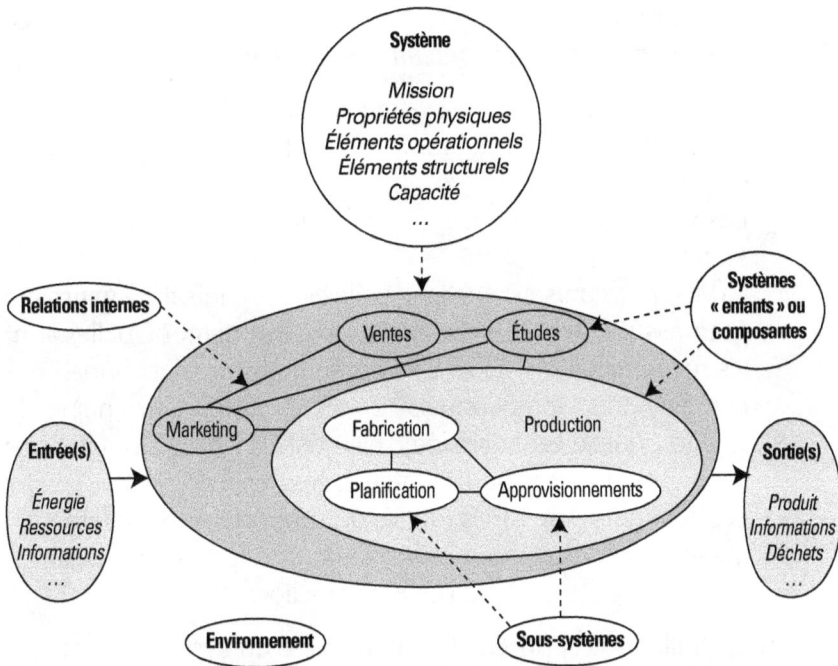

Figure 2.3
Approche fonctionnelle d'un système : une approche descendante

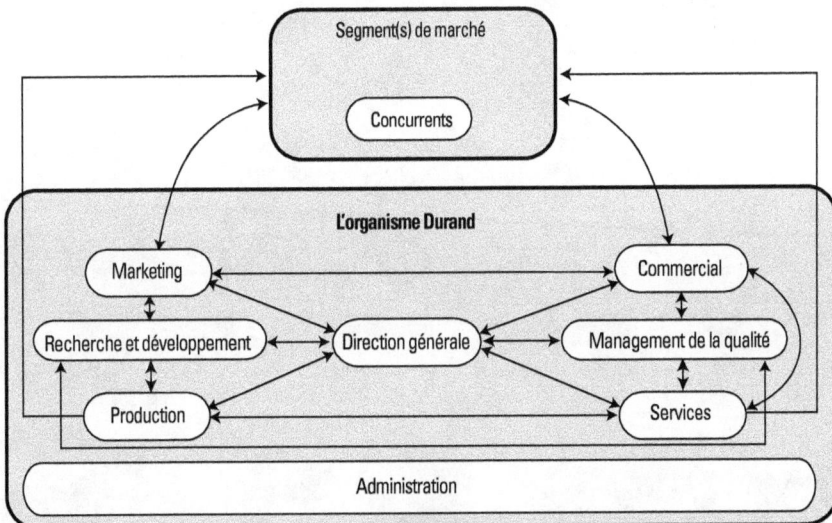

Figure 2.4
Approche fonctionnelle d'un système : le diagramme fonctionnel

Vous pouvez représenter l'approche fonctionnelle d'un système en vous inspirant du paradigme systémique proposé par Jean-Louis Le Moigne dans son ouvrage *Théorie du Système général*[1].

- La mission : pourquoi le système existe-t-il?
- L'environnement : qui sont les parties intéressées par le système?
- Les valeurs du système : qu'est-ce qui est important pour le système?
- La vision organisationnelle : quelle est l'organisation gagnante pour assurer le succès de la mission du système? Quelles sont les responsabilités? Quel est l'organigramme fonctionnel?
- Les éléments opérationnels (unités de valeur ou chaîne de valeur) : quelle est la chaîne d'éléments à valeur ajoutée pour les clients et autres parties intéressées?
- Les éléments structurels (unités de supports et management) : quelles sont les ressources nécessaires à la chaîne de valeur? Comment peut-on faire pour les améliorer?

La Figure 2.5 illustre l'approche fonctionnelle d'un système de management largement sollicitée pour représenter les organisations selon les normes ISO 9000.

---

1. Le Moigne (Jean-Louis), *Théorie du Système général*, PUF, 3ᵉ édition, 1990.

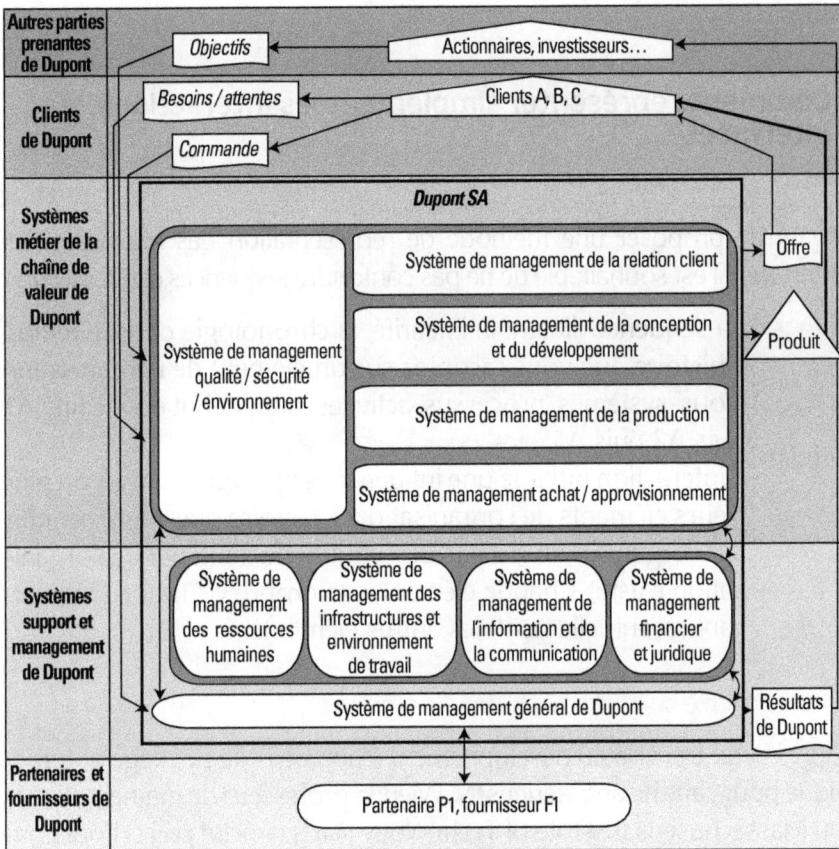

Autres parties prenantes de Dupont	*Objectifs* ← Actionnaires, investisseurs... ←
Clients de Dupont	*Besoins / attentes* ← Clients A, B, C ← *Commande* ←
Systèmes métier de la chaîne de valeur de Dupont	*Dupont SA* Système de management qualité / sécurité / environnement Système de management de la relation client → Offre Système de management de la conception et du développement → Produit Système de management de la production Système de management achat / approvisionnement
Systèmes support et management de Dupont	Système de management des ressources humaines — Système de management des infrastructures et environnement de travail — Système de management de l'information et de la communication — Système de management financier et juridique Système de management général de Dupont → Résultats de Dupont
Partenaires et fournisseurs de Dupont	Partenaire P1, fournisseur F1

Figure 2.5
Diagramme fonctionnel d'un système de management

Vous noterez les nombreux «espaces vides» entre les éléments du système de management.

Comment éviter les espaces vides dans les modèles de représentation?

Le diagramme fonctionnel de la figure 2.5 ne montre pas les interactions entre les différents éléments fonctionnels de l'organisation (processus, activités…), d'où une impression de vide. Le management des vides...

Comment représenter simplement les interactions, les interfaces ?

Avant de proposer une méthode de représentation des interactions et interfaces, il est souhaitable de ne pas confondre séquences et interactions.

- La séquence illustre la linéarité, la chronologie dans le temps. L'histoire que vous racontez sur un élément de l'organisation (sous-systèmes, processus, activités) a un début et une fin : A1 puis A2 puis A3, etc.
- L'interaction indique une influence réciproque de deux ou plusieurs éléments de l'organisation. L'histoire que vous racontez sur l'organisation n'a pas de début ni de fin (tant que l'organisation existe). Chaque élément a sa propre vie tout en influençant (éventuellement) les autres éléments.

L'approche dynamique des systèmes

Après avoir travaillé au développement d'appareils de pointage automatique pour canons anti-aériens, N. Wiener, professeur de mathématiques au Massachusetts Institute of Technology (MIT) conclut ceci : «Pour contrôler une action finalisée, la circulation de l'information nécessaire à ce contrôle doit former une boucle fermée permettant d'évaluer les effets de ses actions.» Cela correspond à la découverte de la boucle de rétroaction et à la naissance de ce que Wiener appellera la cybernétique.

En 1961, J. W. Forrester, ingénieur électronicien et professeur à la Sloan School of Management du MIT, crée la dynamique industrielle en considérant l'entreprise comme un système cybernétique; il tente, par la simulation, de prévoir son comportement. Plus tard, il étend cette approche aux systèmes urbains et, en 1971, il crée une nouvelle discipline, la dynamique des systèmes. Cette discipline est fondée sur des concepts simples : les stocks (le matériel, le personnel, les équipements, l'argent…) et les *flows* (écoulements), les boucles de causalité et de rétroaction, ainsi que le délai, trois concepts que nous allons à présent détailler.

Les stocks et les flows peuvent servir à décrire les systèmes. Pour illustrer leur fonction, John D. Sterman utilise l'analogie de la baignoire, où le niveau d'eau est déterminé par le taux d'entrée et le taux de sortie, lui-même fixé par le niveau d'eau (la pression de sortie augmente avec le niveau d'eau).

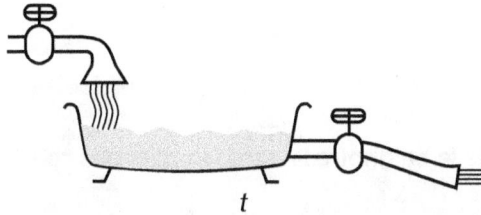

$$Stock\ (t) = Stock\ (t0) + \int_{t0}^{t} (InFlow(t) - OutFlow(t))dt$$

Figure 2.6(a)
Métaphore de la baignoire selon John D. Sterman

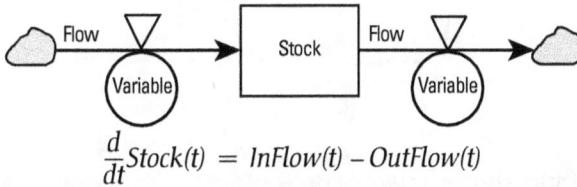

$$\frac{d}{dt}Stock(t) = InFlow(t) - OutFlow(t)$$

Figure 2.6(b)
Métaphore des stocks et flows selon J. W. Forrester

Les deux équations (intégrale et différentielle) décrivent la même situation.

La métaphore hydraulique des figures 2.6(a) et 2.6(b) peut aussi être utilisée pour expliquer simplement des situations qui le sont moins, comme l'illustrent les figures 2.7 et 2.8.

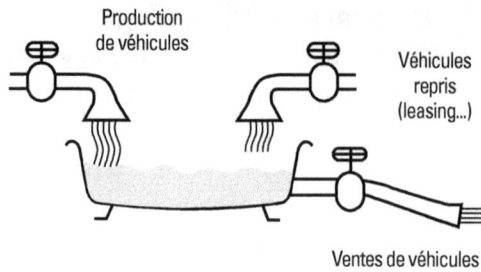

Figure 2.7
Le diagramme de la baignoire illustre l'impact des reprises de véhicules

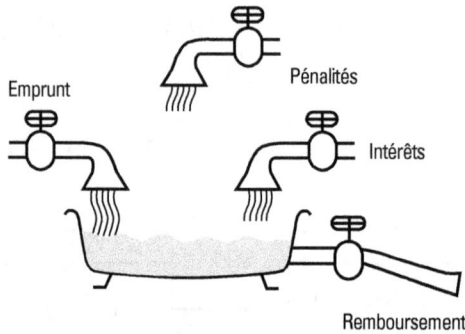

Figure 2.8
**Toujours des problèmes de robinets... (Que faut-il faire
pour «vider la baignoire de la sécurité sociale»?)**

La Figure 2.9 ci-dessous montre les principaux symboles utilisés en dynamique des systèmes : la flèche représente le flow (l'écoulement), le rectan-
gle indique un stock (prospect et client), le cercle et le triangle inversé
représentent une variable auxiliaire (vente), les boucles indiquent les liens
d'influence. Vous noterez également, à la Figure 2.10, les «nuages» qui
indiquent les sources et les puits sans importance pour le système.

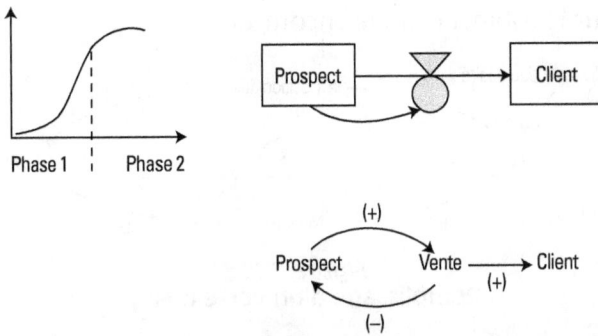

Figure 2.9
Symboles pour représenter la dynamique des systèmes

La Figure 2.10 représente un système dynamique de gestion de personnel intérimaire en production.

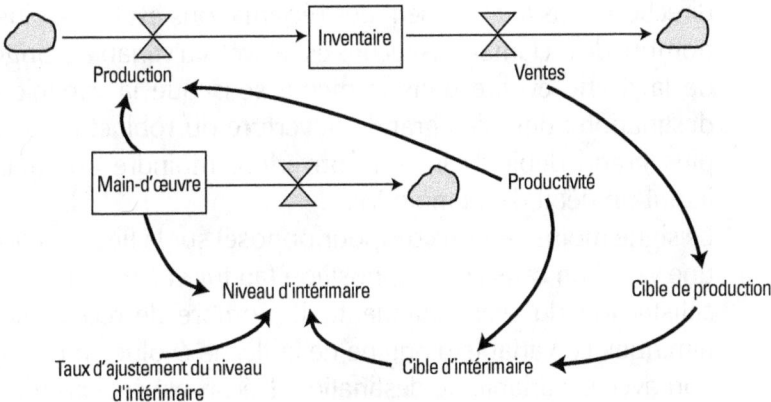

Figure 2.10
Un système dynamique

Pour ce qui concerne le deuxième concept, à savoir les boucles de causalité et la rétroaction, nous avons noté en introduction de ce chapitre que l'idée fondamentale de la pensée systémique est d'identifier les «boucles d'influence» plutôt que les «lignes droites».

La pensée linéaire met l'accent sur l'action – «tourner le robinet d'eau», «remplir le verre d'eau», etc. – tandis que la pensée systémique, plus proche de la réalité, met l'accent sur *la variable* : «Je tourne le robinet afin d'ajuster le débit de l'eau, qui change le niveau d'eau. Pendant que le niveau d'eau change, l'écart perçu (entre le niveau courant et le niveau d'eau désiré) change. Pendant que l'écart change, la position de ma main sur le robinet change encore, etc.»

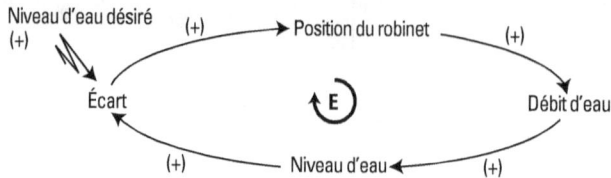

Figure 2.11
Remplissage d'un verre d'eau

Quelques explications :

- La flèche indique une relation causale entre deux variables du diagramme : la position du robinet influence le débit d'eau.

- Le signe plus «+» ou «m» (pour même) ou «s» (en anglais pour *same*) sur la flèche indique une variation causale dans la même direction (plus le traitement des réclamations est facile, plus le nombre de réclamations reçues est élevé). La variable d'origine de la flèche évolue dans le même sens que la variable de destination : une plus grande ouverture du robinet induit un plus grand débit d'eau; une ouverture moindre du robinet induit un débit d'eau moindre.

- Le signe moins «−» ou «o» (pour opposé) sur la flèche indique une variation causale en opposition (au fur et à mesure que la satisfaction du client augmente, le nombre de réclamations diminue). La variable d'origine de la flèche évolue en opposition avec la variable de destination. L'écart est égal au niveau d'eau désiré moins le niveau d'eau. De ce fait, une augmentation du niveau d'eau diminue l'écart. Ces deux variables évoluent donc en opposition.

Ainsi, un système se comporte toujours comme une organisation circulaire. Pour représenter ce système, nous sollicitons deux types de boucles causales :

- Les **boucles amplificatrices** ou **de renforcement**, qui génèrent la croissance (boucle positive) ou le déclin (boucle négative) de manière exponentielle. Ce type de boucle est identifié par la lettre «A» ou «R» et/ou par une icône représentant une boule de neige qui dévale une pente.

Prenons un exemple : supposons que vous placiez 100 € à la banque, à un taux d'intérêt de 10 % par an et que vous attendiez 100 ans pour retirer votre placement. De combien disposerez-vous ? Il s'agit là d'une boucle de rétroaction amplificatrice de premier ordre. La croissance est exponentielle : après 100 ans, vous obtiendriez plus de deux millions d'euros. Il faudrait environ 7 ans pour doubler le montant de départ (100 € à 200 €) et seulement 7 ans pour passer de 1 million à 2 millions d'euros (intégrale de Runge-Kutta)[1]. (Voir Figure 2.12.)

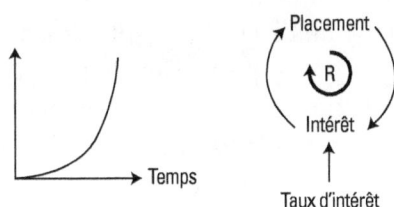

Figure 2.12
Une boucle d'amplification

   Les **boucles régulatrices**, qui finissent par limiter la croissance ou le déclin pour tendre vers l'équilibre du système. Ce type de boucle est identifié par la lettre «E» (pour «équilibre») ou «B» (pour «balanced»), ou par une icône représentant une balance. Dans un système équilibré (ou stabilisé), il y a toujours une variable qui commande la croissance ou le déclin de manière exponentielle, et une variable qui les limite (voir Figure 2.13).

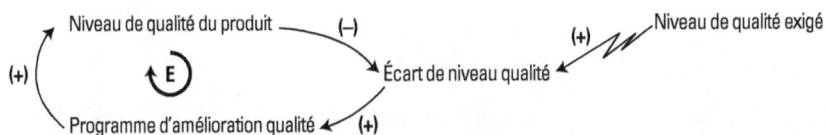

Figure 2.13
Une boucle régulatrice

Deux méthodes peuvent être utilisées pour déterminer si une boucle est «amplificatrice» ou «régulatrice».

Une méthode rapide consiste à compter le nombre de liens négatifs représentés par le signe «−» ou «o» (pour opposition) et à en déduire

---

1. Ce qui ne signifie nullement qu'il faille 14 ans pour disposer de 2 millions d'euros suite à un placement de 100 € à un taux d'intérêt de 10% par an.

que si le nombre est pair, il s'agit d'une boucle amplificatrice ; si le nombre de signes est impair, il s'agit d'une boucle régulatrice. Cette méthode suppose que l'étiquetage de la polarité des liens soit correctement effectué, ce qui présente un risque.

L'autre méthode propose de tracer l'effet d'un changement d'état d'une variable de la boucle.

1. Sélectionnez une variable de la boucle puis imaginez qu'elle change d'état (accroissement ou diminution) : l'écart niveau de qualité diminue ($\downarrow$).
2. Tracez l'effet de ce changement sur les autres variables de la boucle : le programme d'amélioration qualité diminue ($\downarrow$), le niveau de qualité du produit augmente ($\uparrow$).
3. Si le changement rétroagit pour renforcer la variable sélectionnée, il s'agit d'une boucle amplificatrice et, dans le cas contraire, d'une boucle régulatrice : l'écart niveau de qualité diminue ($\downarrow$) et le niveau de qualité du produit augmente ($\uparrow$).

À la Figure 2.14, nous présentons un diagramme de boucles causales (DBC) qui comprend une boucle amplificatrice et une boucle régulatrice.

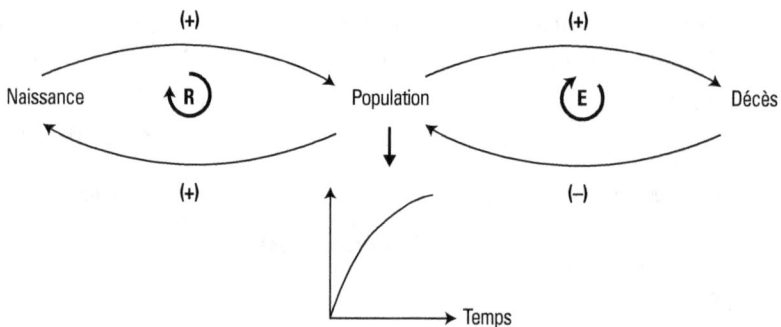

Figure 2.14
Diagramme de boucles causales composé
de boucles d'amplification et de régulation

Une diminution du nombre de décès entraîne-t-elle une augmentation de la population ?

Non, à moins que le nombre de naissances excède le nombre de décès.

En dépit de leur complexité, tous les systèmes essayent de s'équilibrer d'une manière ou d'une autre. L'exemple du verre d'eau est une parfaite illustration de système équilibré puisque le verre ne peut contenir qu'une certaine quantité d'eau.

Si vous n'équilibrez pas le système, il le fera à votre place.

La boucle amplificatrice n'est qu'un état temporel dont vous devez identifier la durée, laquelle peut varier de quelques minutes à des millions d'années. Le DBC de la Figure 2.15 est constitué d'une boucle d'amplification, ainsi que d'une boucle de régulation qui équilibre le système dans le temps.

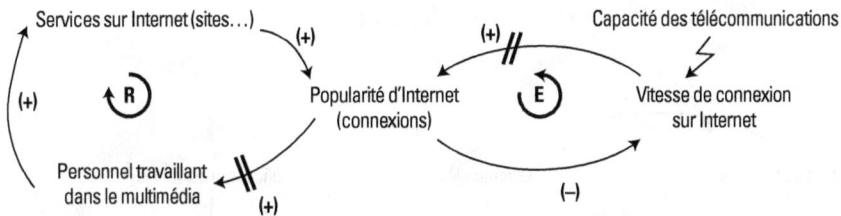

Figure 2.15
Diagramme de boucles causales équilibré

Enfin, le troisième concept à retenir concernant la dynamique des systèmes est celui du délai. Le délai entre une prise de décision et ses effets sur l'état du système est particulièrement ennuyeux. En effet, un délai dans une boucle de rétroaction crée une instabilité et augmente la tendance des systèmes à osciller, comme nous le constatons souvent à nos dépens. Le délai est représenté à l'aide d'un sablier ou par deux traits parallèles sur le lien d'influence (Figure 2.16).

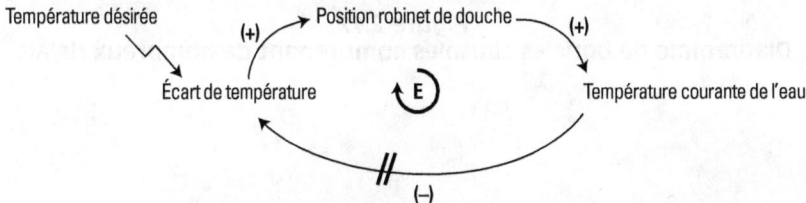

Figure 2.16
Diagramme de boucles causales oscillant avant stabilisation

Quand nous prenons une douche, nous savons tous qu'il faut attendre quelques secondes avant que l'eau ne devienne chaude et, parce que nous avons froid pendant cet intervalle, nous ouvrons le robinet complètement. Quand l'eau chaude arrive (enfin), elle est si chaude que nous sommes forcés de diminuer l'ouverture du robinet, et ainsi de suite jusqu'à ce que nous ayons optimisé la température de l'eau (ou quitté définitivement la douche!).

Une boucle de rétroaction négative avec un délai substantiel peut mener à un comportement oscillatoire spécifique dépendant des caractéristiques de la boucle.

Dans certains cas, la valeur d'une variable continue à osciller indéfiniment. Dans d'autres cas, l'amplitude des oscillations diminuera graduellement et la «variable d'intérêt» tendra vers le but recherché, comme l'illustre la Figure 2.17 ci-dessous.

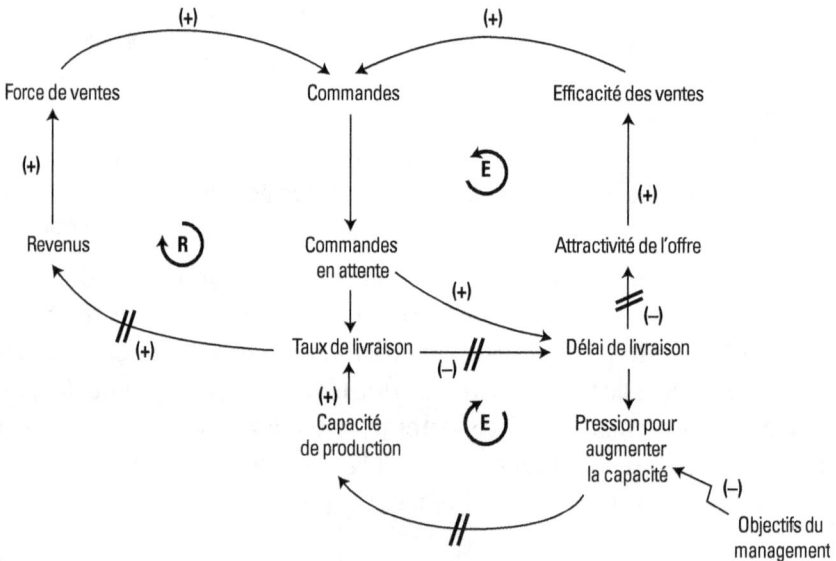

Figure 2.17
Diagramme de boucles causales comprenant de nombreux délais

La systémique et la Balanced Scorecard

Kaplan et Norton, créateurs de la Balanced Scorecard présentée au Chapitre 1, proposent de formaliser la stratégie du manager d'une organisation à l'aide des trois éléments que sont la carte stratégique, le tableau de bord de performances équilibrées et le plan d'actions.

Nous savons que la carte stratégique est composée d'objectifs stratégiques (résultats et leviers) reliés entre eux selon une chaîne causale. Or dans ce chapitre, nous avons présenté la systémique à l'aide de boucles causales rétroactives dans le temps. Pourquoi?

Lorsque l'on construit une carte stratégique, il est souvent difficile de distinguer, entre deux objectifs (variables), lequel influence l'autre. À supposer que l'on ait correctement identifié les deux objectifs à étudier, on peut notamment être confronté à une difficulté que l'on appelle la causalité inverse (vous décidez que A a pour effet B, alors qu'en fait c'est B qui est la cause de A). Les nombreux pièges liés à l'omission d'objectifs et à la causalité inverse nous obligent donc à être prudents lorsque nous concevons la carte stratégique.

L'élaboration d'une carte stratégique, dont l'objet principal demeure la communication et l'animation de la stratégie. Si la carte stratégique n'est pas parfaite, elle est cependant relativement simple à concevoir et à comprendre, ce qui explique le succès de la Balanced Scorecard. L'exemple de la Figure 2.18 montre qu'il est toutefois possible de construire une carte stratégique à l'aide d'objectifs reliés entre eux selon une boucle causale.

Mais est-ce bien réaliste?

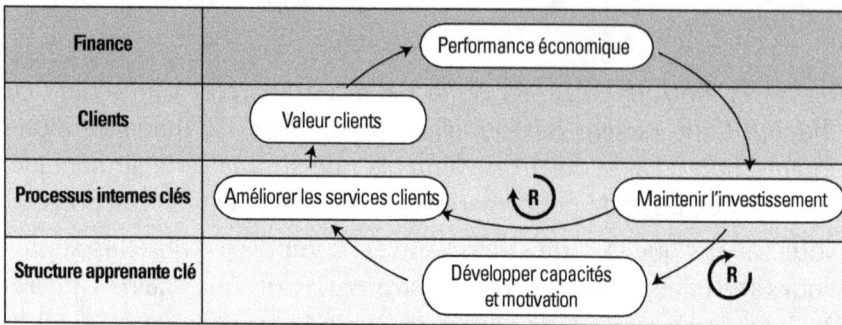

Figure 2.18
Carte stratégique selon une logique de boucles causales

La systémique : un levier de performance organisationnelle

Nous considérons la systémique et plus spécifiquement la systémique causale, dont l'élément de base est le diagramme de boucles causales, comme un levier de performance. Celui-ci permet de concevoir des organisations humaines à un niveau d'ordre, de certitude et de stabilité acceptable, c'est-à-dire «FARCIE» : Focalisée, Appropriée, Robuste, Efficace en termes de coût et de délai, Intégrée et Équilibrée.

Exemple

Afin de réduire le délai de mise sur le marché d'un nouveau produit, les industries aéronautiques et électroniques sollicitent l'ingénierie simultanée (*concurrent engineering, project engineering...*). Avec cette approche, la conception du produit commence bien que sa définition ne soit pas entièrement terminée.

Lorsque le processus d'ingénierie simultanée n'est pas équilibré (équilibre entre niveau de concurrence et le nombre de processus en interactions, par exemple) le scénario ci-dessous peut se dérouler.

Au début de l' «histoire», la pression du délai de livraison du nouveau produit final n'existe pas. Mais les choses ne durent pas, la pression du délai se fait de plus en plus sentir dans les équipes pluridisciplinaires. Ainsi :

- Une augmentation de la pression du délai de livraison a pour effet une augmentation le niveau de concurrence (il faut gagner du temps en parallélisant plus).
- Une augmentation du niveau de concurrence a pour effet une augmentation du nombre d'interactions entre les processus.
- Une augmentation du nombre d'interactions entre les processus a pour effet une plus grande instabilité du produit.
- Une augmentation de l'instabilité du produit a pour effet une augmentation du nombre de modifications du produit.
- Une augmentation du nombre de modifications du produit a pour effet une augmentation du nombre de versions ainsi qu'une augmentation de la pression du planning.
- Une augmentation du nombre de versions et du planning de réalisation a pour effet une augmentation du niveau de concurrence…

Ainsi, l'équilibre d'une organisation (un projet d'ingénierie simultanée, par exemple) doit être conçu et piloté au quotidien à partir de boucles causales (boucles d'amplification et boucles d'équilibre) et non à partir de l'unique pensée linéaire (approche processus et chaîne causale).

Nous y reviendrons au dernier chapitre de cet ouvrage.

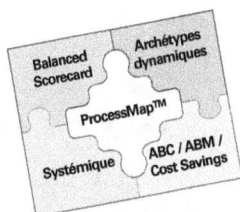

Chapitre 3

Un levier de performance décisionnelle : les archétypes dynamiques

Lors de nos actions de conseil en stratégie d'entreprise, et plus spécialement lors de la mise en place de la Balanced Scorecard, nous avons plusieurs fois ressenti la nécessité d'intégrer la notion d'archétypes dynamiques. Ce chapitre fondamental est né de cette nécessité.

Nous pensons en effet que, sans l'association des archétypes dynamiques à la Balanced Scorecard, celle-ci risque d'être considérée par les managers comme une nouvelle mode «made in USA», surtout en France, qui est la patrie du tableau de bord.

Nous vous invitons à prêter la plus grande attention à ce 3e levier de la performance.

Pourquoi les archétypes dynamiques?

À la manière de la médecine prédictive, qui est une partie de la médecine préventive axée sur le diagnostic *in utero* des maladies et des malformations de l'enfant, les archétypes dynamiques permettent de porter un diagnostic perspicace sur un système organisationnel afin de mieux prédire son comportement.

- Comme **leviers de diagnostic**, les archétypes dynamiques sont efficaces pour tenter de répondre à la question suivante : pourquoi les mêmes problèmes se reproduisent-ils dans le temps?
- Comme **leviers prédictifs**, les archétypes dynamiques sont utiles pour «prédire» des difficultés potentielles : dans quelle situation nous retrouverons-nous si nous continuons ainsi?

Qu'est-ce qu'un archétype dynamique?

Un archétype dynamique illustre une idée, une forme de représentation intelligente d'un système. Le mot archétype (qui vient du grec *arkhetupon, via* le latin *archetypum*), signifie «modèle primitif». Platon employait d'ailleurs le terme pour désigner une idée qui sert de modèle à une autre.

Les différents types d'archétypes dynamiques

Environ une douzaine d'archétypes dynamiques ont été identifiés par les chercheurs. Parmi les plus utilisés, nous trouvons :

- la croissance limitée;
- la solution anti-symptôme;
- l'érosion des objectifs;
- l'escalade;
- le succès va au succès;
- la tragédie du bien commun;

- les remèdes qui échouent ;
- la croissance et le sous-investissement ;
- l'adversaire inopiné ;
- la force d'attraction.

Ci-après, nous présentons succinctement les archétypes en nous fondant sur l'hypothèse *ceteris paribus*, à savoir que toutes les variables sont maintenues constantes, à l'exception de celles étudiées sur le moment : dans la réalité, les choses sont plus compliquées car les variables ont tendance à évoluer dans le temps.

La croissance limitée

La croissance a des limites, dont certaines ont été présentées par Donella Meadows, Jorgen Randers et William Behrens dans leur ouvrage *Limits to Growth*[1]. Ils y critiquent les politiques qui épuisent les ressources naturelles, arguant du fait que nous semons les graines de nos propres destructions. Ils avancent la théorie que la croissance ne peut pas continuer *ad vitam aeternam*.

Symptôme(s)

« Malgré nos efforts, notre CA diminue » : lorsqu'un manager fait cette constatation, il se peut que l'archétype de la croissance limitée soit à l'œuvre.

Principe dynamique

Dans l'archétype de la croissance limitée, un processus de renforcement de la croissance rencontre toujours un processus de stabilisation (ou d'équilibre) pour limiter la croissance. Cet archétype rappelle aux managers qu'ils doivent prendre leur temps pour étudier les différents facteurs d'une limite de croissance avant de déclencher les actions appropriées. Ainsi, en identifiant à l'avance les moteurs de croissance et les dangers potentiels, les managers peuvent anticiper de futurs problèmes et les éliminer avant qu'ils ne deviennent une menace.

---

1. Meadows (D.), Randers (J.) et Behrens (W.), *Limits to Growth*, New American Library, New York, 1972.

Comportement de l'archétype

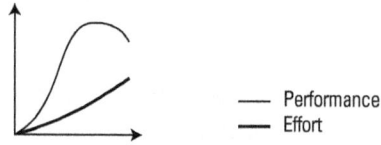

Figure 3.1
Comportement de l'archétype de la croissance limitée

Le comportement classique de l'archétype de la croissance limitée montre que la performance croît, puis se stabilise avant de décroître, malgré des efforts exponentiels.

Le diagramme de boucles causales (DBC) de la Figure 3.2 illustrant cet archétype est composé d'une boucle d'amplification, ou de renforcement, et d'une boucle de régulation, ou d'équilibre.

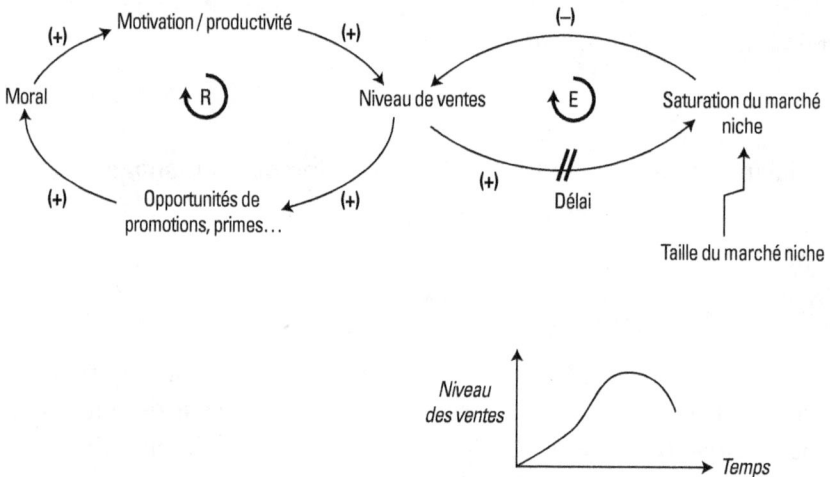

Figure 3.2
Exemple d'un DBC de l'archétype d'une croissance limitée

Au début de l'histoire :

- Le niveau de ventes progresse, ce qui entraîne une augmentation des opportunités de promotions.

- L'augmentation des opportunités de promotions améliore le moral des vendeurs.
- L'amélioration du moral augmente la motivation et la productivité.
- La hausse de la productivité fait croître le niveau de ventes.
- Mais les choses ne durent pas...
- La progression du niveau de ventes provoque, après un certain délai, une saturation du marché niche.
- L'augmentation de la saturation du marché niche entraîne une baisse du niveau de ventes.

La solution anti-symptôme

L'archétype de la solution anti-symptôme illustre le dilemme du choix entre une action curative à effet immédiat et une action corrective ayant un impact à plus long terme. Un tel dilemme est compréhensif :

- **L'action curative ou symptomatique** s'effectue généralement sous la pression (on n'arrête pas une chaîne de fabrication...) et exige souvent un effet immédiat. Elle intervient uniquement sur le symptôme du problème, et entraîne parfois des effets secondaires.
- **L'action fondamentale ou corrective** intervient sur le problème et non sur son symptôme. Elle prend donc du temps puisqu'il faut au préalable comprendre et étudier de façon approfondie le problème.

L'archétype «s'en remettre à l'intervention d'un tiers» (tel qu'un consultant ou un régleur de machine-outil pour la fabrication de la première pièce) est une variante de l'archétype de la solution anti-symptôme.

Symptôme(s)

«Faites quelque chose pour arrêter ça, n'importe quoi, mais faites quelque chose, vite!» : lorsqu'un manager exprime ce genre d'impératif, il est vraisemblable que l'archétype de la solution anti-symptôme est à l'œuvre.

Principe dynamique

Dans l'archétype de la solution anti-symptôme, le symptôme d'un problème peut être résolu en employant une solution symptomatique ou
en appliquant une solution fondamentale.

Comportement de l'archétype

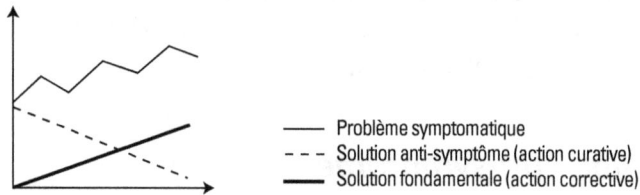

— Problème symptomatique
- - - Solution anti-symptôme (action curative)
— Solution fondamentale (action corrective)

Figure 3.3
Comportement de l'archétype de la solution anti-symptôme

Le comportement classique de l'archétype de la solution anti-symptôme montre qu'à chaque intervention anti-symptôme, une amélioration provisoire est observée, mais parfois avec un effet secondaire, qui
peut ruiner la solution fondamentale. Si l'intervention menée est susceptible de produire un ou plusieurs effets secondaires, ces derniers
doivent être soigneusement identifiés et leur impact évalué, au même
titre que les effets prévus et souhaités de l'action fondamentale.

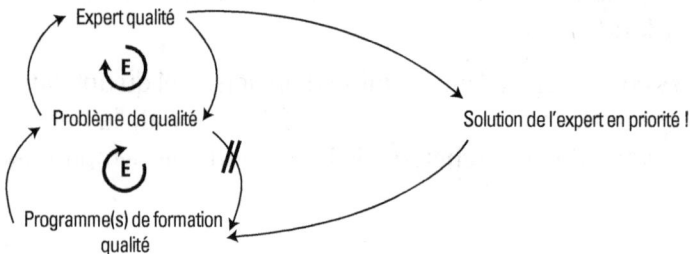

Expert qualité

Problème de qualité

Programme(s) de formation
qualité

Solution de l'expert en priorité !

Figure 3.4
Exemple d'un DBC de l'archétype d'une solution anti-symptôme

L'*érosion des objectifs*

L'archétype «érosion des objectifs» présente des similitudes avec celui de la solution anti-symptôme. Dans le cas de l'érosion des objectifs, les managers cherchent une solution symptomatique, et non une solution fondamentale, pour ajuster l'objectif.

Symptôme(s)

Lorsqu'un manager dit que «ça ira mieux demain» ou que «l'important n'est pas de gagner mais de participer» (la participation peut dans certains cas être un objectif), l'archétype de l'érosion des objectifs est vraisemblablement à l'œuvre.

Principe dynamique

Dans l'archétype de l'érosion des objectifs, un écart entre un objectif planifié et un objectif réalisé peut être résolu de deux manières : en mettant tout en œuvre pour atteindre l'objectif ou en étant plus modeste dans la définition de l'objectif.

Toutefois, la révision à la baisse d'un objectif a toujours un effet néfaste sur les acteurs de l'organisation (moral, démotivation, baisse de productivité, etc.).

Cela dit, Jean-Pierre Ponssard et Olivier Saulpic (du laboratoire d'économétrie de l'école Polytechnique) notent que la révision à la hausse existe également : il s'agit de «l'effet de cliquet» (Dewatripont, 1989). Celui-ci résulte de la tentation, pour le supérieur, de réviser un objectif à la hausse lorsqu'il constate que l'objectif fixé initialement s'avère aisé à atteindre ou lors de l'apparition du problème de «hold-up» : ce dernier correspond à des situations où la possibilité de renégocier leur objectif conduirait les acteurs à limiter leurs efforts par rapport à une tâche spécifique dont ils ne pourraient tirer un résultat que dans le cadre de leur fonction ou entreprise actuelle (Hart, 1995).

Comportement de l'archétype

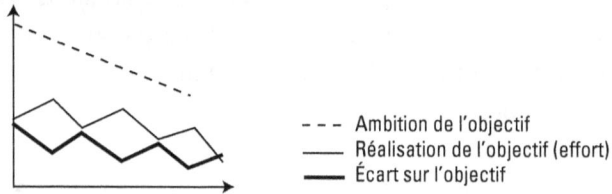

Figure 3.5
Comportement de l'archétype de l'érosion des objectifs

Le comportement classique de l'archétype de l'érosion des objectifs montre qu'une organisation amenée à réduire l'ambition de ses objectifs peut provoquer deux phénomènes :

- un relâchement des efforts ;
- l'instauration d'une culture de révision systématique des objectifs à la baisse.

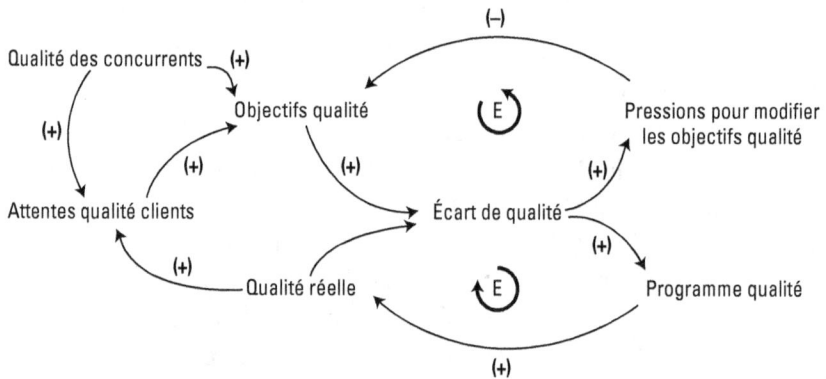

Figure 3.6
Exemple d'un DBC de l'archétype de l'érosion des objectifs

L'escalade

L'archétype de «l'escalade» illustre un paradoxe de management : au nom de la protection ou de la promotion des intérêts de leur organisation, les managers s'engagent dans une escalade comportementale néfaste pour cette organisation.

Symptôme(s)

Lorsqu'un manager dit «j'arrête si l'autre arrête», l'archétype de l'escalade est vraisemblablement à l'œuvre.

Principe dynamique

L'archétype de l'escalade se produit quand les actions d'une entité sont perçues par une autre entité comme une menace : cette dernière entité se voit contrainte de répondre en ayant recours au même type d'actions, ce qui accentue encore l'escalade (coup par coup).

Comportement de l'archétype

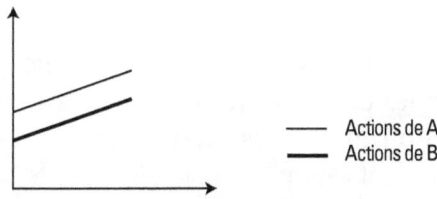

Figure 3.7
Comportement de l'archétype de l'escalade

Le comportement classique de l'archétype de l'escalade est relativement simple et prévisible : les actions (et réactions) d'entités semblables deviennent dans le temps de plus en plus concurrentielles. Le DBC ne montre pas l'effondrement dans le cas où l'escalade n'est pas stoppée.

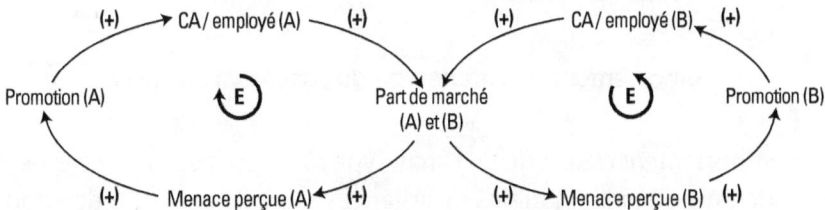

Figure 3.8
Exemple d'un DBC de l'archétype de l'escalade

Un autre exemple de l'archétype de l'escalade est celui de la guerre des prix entre deux organisations concurrentes.

Le succès va au succès

L'archétype du «succès va au succès» décrit une pratique courante : on récompense le succès en fournissant davantage de ressources et en espérant que le succès continuera; autrement dit, que l'on donne davantage de moyens à ceux qui réussissent.

Symptôme(s)

Lorsqu'un manager pense que «les succès produisent les succès, comme l'argent va à l'argent», l'archétype du succès va au succès est vraisemblablement à l'œuvre.

Principe dynamique

Dans l'archétype du succès va au succès, si une personne ou un groupe de personnes performantes disposent d'un plus grand nombre de ressources qu'un autre groupe de personnes d'un niveau de performance équivalent, leur probabilité de réussite sera plus grande : c'est souvent celui qui a le plus de moyens qui gagne.

Comportement de l'archétype

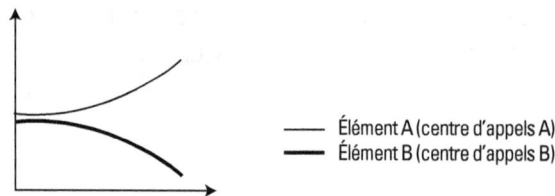

——— Élément A (centre d'appels A)
——— Élément B (centre d'appels B)

Figure 3.9
Comportement de l'archétype du succès va au succès

Le comportement classique de l'archétype du succès va au succès peut être identifié en examinant les divergences qui existent entre des données issues d'éléments du système (personnel, activités, produits…).

Ce comportement se produit, par exemple, lorsque des ressources normalement affectées à l'élément *B* sont «détournées» pour être affectées à l'élément *A*.

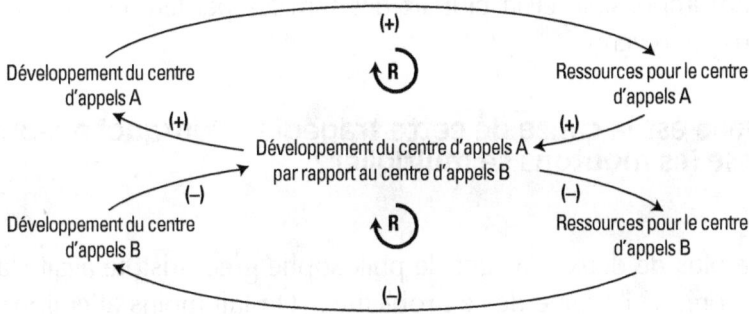

Figure 3.10
Exemple d'un DBC de l'archétype du succès va au succès

La tragédie du bien commun

L'archétype de «la tragédie du bien commun» illustre une situation où deux ou plusieurs structures dépendent de ressources communes limitées. Lorsqu'une personne ou un groupe de personnes utilisent des ressources communes, il y en a moins pour les autres. Cette situation peut être illustrée par l'histoire classique suivante, que l'on appellera la «tragédie des pâtures communautaires».

Imaginez la vie d'une communauté médiévale. L'une des activités économiques importantes de la communauté consiste à élever des moutons. De nombreuses familles de la communauté possèdent quelques moutons et tirent des revenus de la vente de la laine, utilisée pour la confection des vêtements.

Au début de notre histoire, les moutons passent l'essentiel de leur temps à paître sur les terrains qui entourent la ville, connus sous le nom de pâtures communes. Ces terres n'appartiennent à personne en particulier. Les habitants de la ville sont collectivement propriétaires de ces terrains et ont tous la possibilité d'y faire paître leurs moutons. Cette propriété collective fonctionne sans problème parce que la terre ne manque pas. Tant que chacun peut accéder aux bons pâturages, tout le monde est content.

Avec le temps, la population de la ville augmente, ainsi que le nombre de moutons paissant sur les pâtures communautaires. L'herbe commence à manquer, puis finit par disparaître totalement. Les pâtures communautaires étant devenues arides, l'élevage de moutons est bientôt impossible et la plupart des familles perdent leur principale source de revenu.

Quelle est la cause de cette tragédie? Pourquoi a-t-on laissé les moutons se multiplier?

Il y a plus de deux mille ans, le philosophe grec Aristote avait clairement précisé l'origine de ce problème : «On fait moins attention à ce qui est commun à tous, car l'homme s'intéresse plus à ce qui lui est propre qu'à ce qu'il partage avec d'autres.»

Symptôme(s)

Lorsqu'un manager dit : «il y en avait pour tout le monde et maintenant il n'y a plus rien», l'archétype de la tragédie du bien commun est vraisemblablement à l'œuvre.

Principe dynamique

Dans l'archétype de la tragédie du bien commun, le fait de consommer des ressources communes au-delà de leurs capacités aura pour effet de les épuiser, avec les conséquences que nous pouvons imaginer.

Comportement de l'archétype

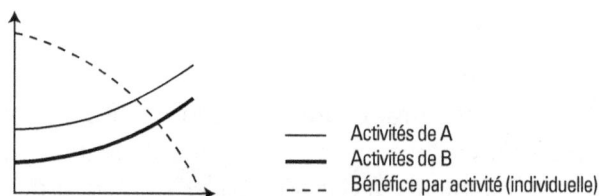

Activités de A
Activités de B
- - - Bénéfice par activité (individuelle)

Figure 3.11
Comportement de l'archétype de la tragédie du bien commun

Le comportement classique de l'archétype de la tragédie du bien commun montre que si la tendance à la réduction du soutien apporté par le bien commun se confirme pour les différents éléments du système, bien que la demande augmente, il y a sans doute de la «tragédie» dans l'air.

Exemples

- Lorsque le service informatique est écrasé sous le poids d'un trop grand nombre de demandes (par rapport à sa capacité de traitement), son efficacité commence à s'éroder. Les personnes qui sollicitent le service informatique auront alors tendance à considérer qu'il est la cause de leurs échecs.
- L'utilisation du pool commun de ressources par les entreprises regroupées dans une pépinière d'entreprises peut également être à l'origine de ce type d'archétype (voir Figure 3.12).

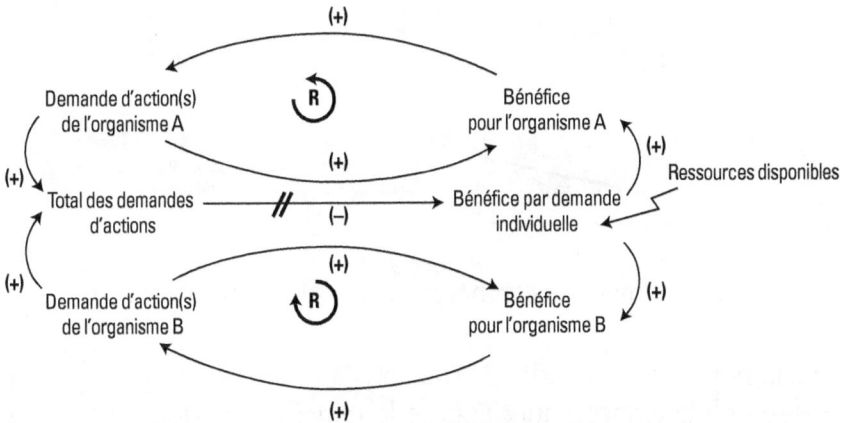

Figure 3.12
Exemple d'un DBC de l'archétype de la tragédie du bien commun

Les remèdes qui échouent

Selon l'archétype des «remèdes qui échouent», choisir rapidement une solution peut avoir des conséquences fortuites qui aggraveront le problème dans le temps. L'archétype des remèdes qui échouent a une forte ressemblance avec l'archétype de la solution anti-symptôme : ce dernier présume que la solution fondamentale pour traiter le problème n'a pas été mise en œuvre, alors que l'archétype des remèdes qui échouent introduit une boucle de renforcement qui aggrave le problème avec le temps.

Symptôme(s)

Lorsqu'un manager pense, à l'instar de Molière, que «presque tous les hommes meurent de leurs remèdes et non de leurs maladies», l'archétype des remèdes qui échouent est vraisemblablement à l'œuvre.

Principe dynamique

L'archétype des remèdes qui échouent présume que le symptôme d'un problème va diminuer pendant un court instant, pour revenir à son niveau précédent ou s'accentuer encore.

Comportement de l'archétype

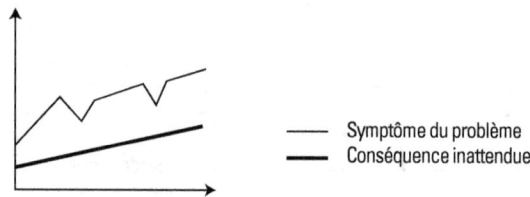

─── Symptôme du problème
─── Conséquence inattendue

Figure 3.13
Comportement de l'archétype des remèdes qui échouent

Le comportement classique de l'archétype des remèdes qui échouent illustre une tendance selon laquelle le remède apporté au problème semble avoir des effets bénéfiques à court terme, mais qui se révèlent néfastes à long terme.

De plus, l'accumulation des effets secondaires consomme du temps et des ressources qui seraient utiles pour traiter le problème de fond.

Exemples

- Pendant des années, l'industrie du tabac a constamment nié que le tabac avait un effet sur la santé des individus. Ce comportement a été efficace pendant un certain temps. Cependant, chaque fois que l'industrie du tabac a nié les effets néfastes du tabac sur l'organisme, elle a poussé les scientifiques à apporter les preuves de tels effets. On connaît aujourd'hui les conséquences d'une telle attitude.

- Le diagramme de boucles causales ci-dessous montre que le besoin d'alcool n'est pas le bon remède au stress.

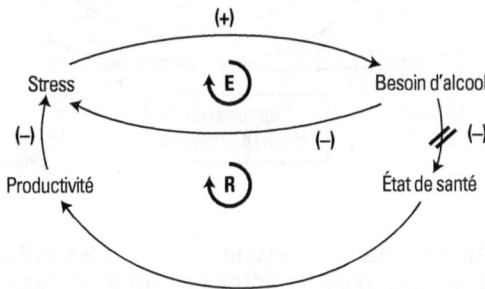

Figure 3.14
**Exemple d'un DBC de l'archétype des remèdes qui échouent :
l'alcool comme remède**

- Mexico étant l'une des villes les plus polluées au monde, les autorités ont imaginé, comme remède, de limiter l'utilisation des véhicules. À chaque véhicule a été affecté un code de couleurs : chaque couleur correspond à un jour ouvrable de la semaine pendant lequel il est interdit d'utiliser les véhicules portant cette couleur. On escomptait que l'utilisation des véhicules en semaine allait être réduite de 20 %. Or les résultats ont été très différents de ceux attendus : il y a eu plus de véhicules qu'à l'ordinaire et la pollution s'est accrue. En effet, privées de leur véhicule une journée par semaine, les personnes se sont rattrapées le week-end…

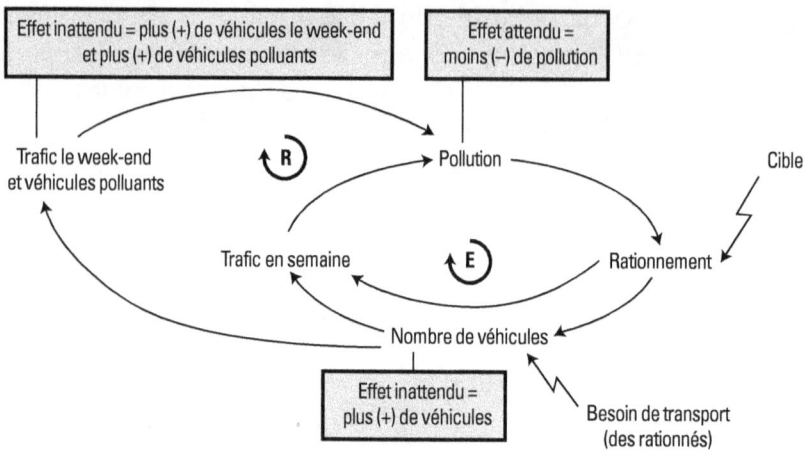

Figure 3.15
Exemple d'un DBC de l'archétype des remèdes qui échouent :
la limitation de véhicules comme remède

La croissance et le sous-investissement

L'archétype «de la croissance et du sous-investissement» s'applique lorsque l'on peut surmonter, par un investissement, l'obstacle que représente la limite d'une croissance. Plusieurs situations peuvent être à l'origine de cet archétype, notamment :

- lorsque la rentabilité n'est pas atteinte alors qu'il y a des potentialités;
- une perte de confiance en la capacité de l'organisation à satisfaire les besoins et attentes de ses clients alors qu'il y a toujours plus de clients.

Symptôme(s)

«Nous étions les meilleurs et nous le redeviendrons, mais aujourd'hui nous devons être prudent» : si un manager pense cela, l'archétype de la croissance et du sous-investissement est vraisemblablement à l'œuvre.

Principe dynamique

Selon l'archétype de la croissance et du sous-investissement, si vous disposez d'une réserve de croissance, vous devez investir.

Comportement de l'archétype

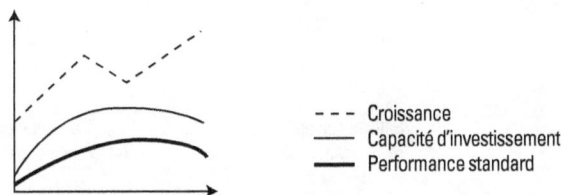

- - - Croissance
——— Capacité d'investissement
━━━ Performance standard

Figure 3.16
Comportement de l'archétype de la croissance
et du sous-investissement

Typiquement, l'archétype de la croissance et du sous-investissement montre une hausse de la croissance (plus de clients potentiels…) et un sous-investissement ayant pour effet une diminution de la performance (coûts de non-qualité en augmentation, délais non respectés…).

Exemple

Un nombre croissant de patients sollicitent l'hôpital Bonsoins, grâce à la publicité et au bouche à oreilles. Malgré cette croissance, comme les actionnaires «réclament» leurs dividendes, l'hôpital n'investit plus suffisamment pour renouveler ses équipements. Avec le temps, les équipements deviennent obsolètes, le personnel est de plus en plus surchargé et la qualité des soins se dégrade, bien que les visites des patients augmentent. Mais pendant combien de temps?

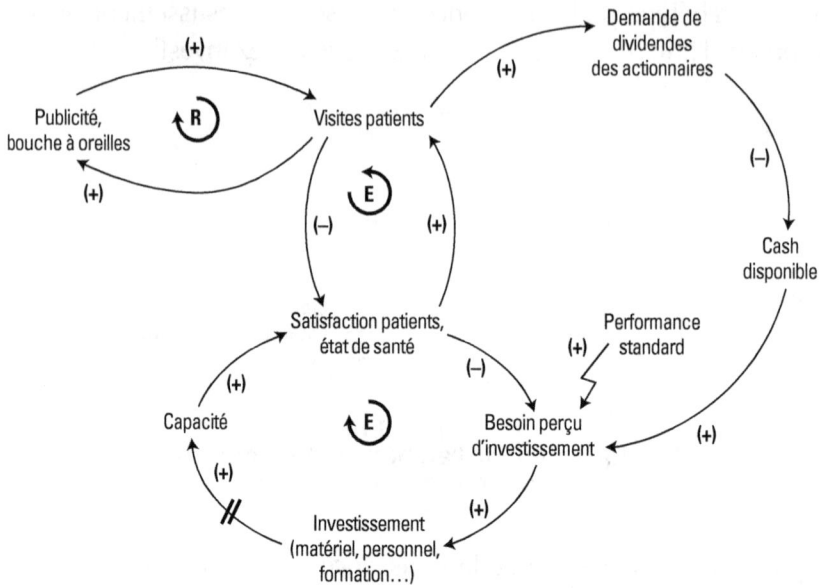

Figure 3.17
Exemple d'un DBC de l'archétype de la croissance
et du sous-investissement

L'adversaire inopiné

Dans l'archétype de l'adversaire inopiné (ou involontaire), un climat professionnel peut se détériorer du fait de malentendus, de soupçons ou d'attitudes telles que la méfiance dans les relations de travail.

Symptôme(s)

«Au début de notre collaboration, tout se passait bien, maintenant ce n'est plus pareil…» : si un manager s'exprime de la sorte, l'archétype de l'adversaire inopiné est vraisemblablement à l'œuvre.

Principe dynamique

Selon l'archétype de l'adversaire inopiné, lorsque des personnes, des équipes, des partenaires ne collaborent pas, des problèmes surgissent et nuisent à la performance globale (la transmission d'informations entre différentes équipes s'effectue dans de mauvaises conditions…).

Comportement de l'archétype

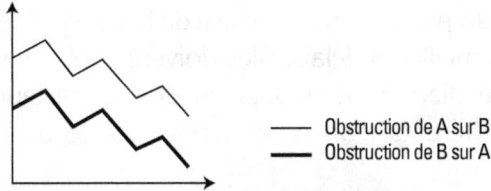

Figure 3.18
Comportement de l'archétype de l'adversaire inopiné

Le comportement classique de l'archétype de l'adversaire inopiné montre que chaque adversaire suit la même direction, l'un des adversaires étant «à la traîne» par rapport à l'autre.

Le comportement fera apparaître des actions périodiques entre les adversaires, mais globalement la performance se détériorera.

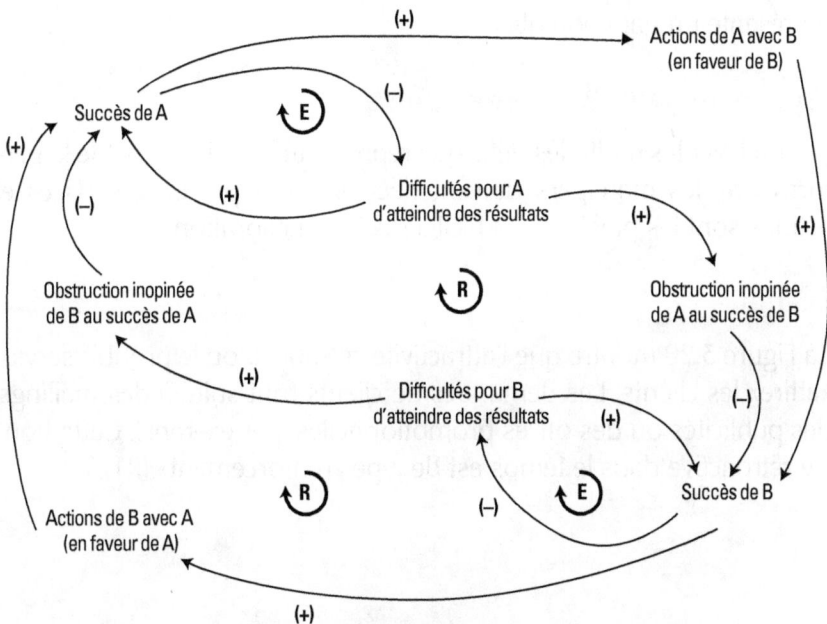

Figure 3.19
Exemple d'un DBC de l'archétype de l'adversaire inopiné

La force d'attraction

L'archétype de «la force d'attraction» est le moins connu des archétypes présentés alors qu'il peut être un excellent levier de croissance lorsqu'il est maîtrisé. Toutes les organisations reconnaissent qu'il est difficile d'offrir un produit ou un service de haute qualité, aux meilleurs prix et dans les meilleurs délais. Elles doivent choisir ce qui est le plus attractif pour le client, tout en sachant que les facteurs d'attractivité peuvent être différents d'un client, d'une activité ou d'un produit à l'autre.

Symptôme(s)

Lorsqu'un manager dit, en parlant des clients, du personnel, etc. : «ils veulent le beurre et l'argent du beurre», l'archétype de la force d'attraction est vraisemblablement à l'œuvre.

Principe dynamique

Selon l'archétype de la force d'attraction, la performance recherchée par l'organisation peut être sujette à de multiples freins, dont chacun représente un gain potentiel.

Comportement de l'archétype

Pour relever les multiples défis que représente l'amélioration de la performance, les managers doivent décider quels produits, services et actions sont les plus aptes à faciliter cette amélioration.

Exemple 1

La Figure 3.20 montre que l'attractivité se situe là où le produit/service «attire» les clients. Les demandes de clients font suite à des mailings, des publicités ou des offres promotionnelles, par exemple. Cette boucle rétroactive dans le temps est de type «renforcement» (R1).

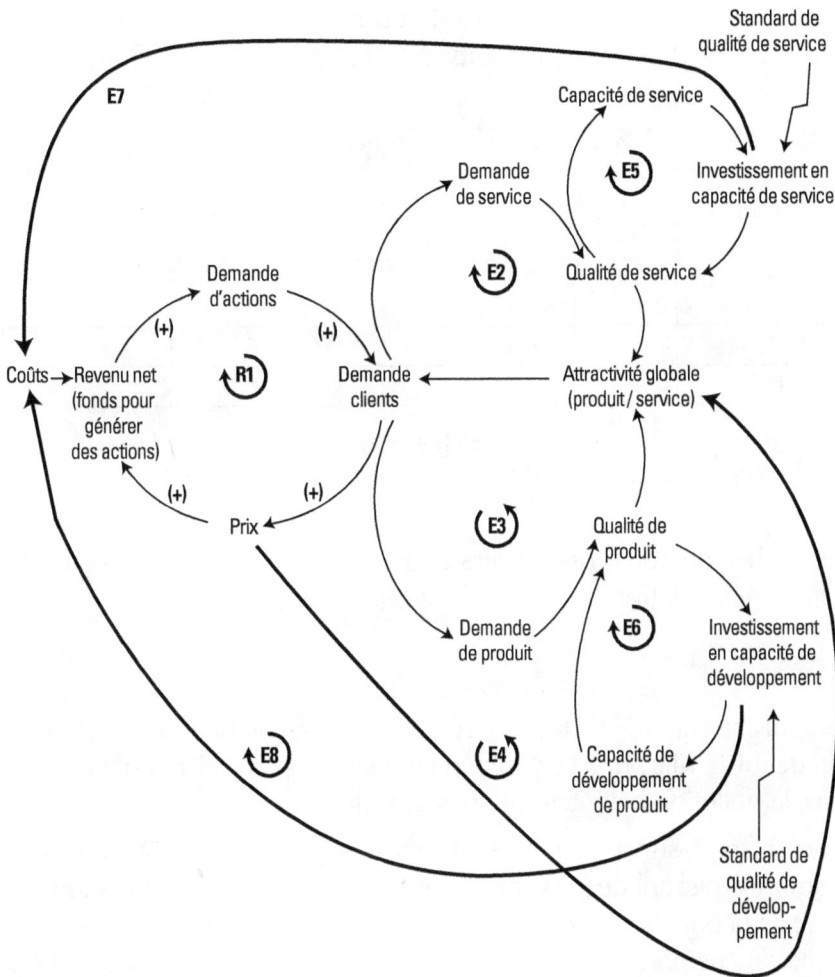

Figure 3.20
Exemple d'un DBC de l'archétype de la force d'attraction

Cependant, à capacité constante de produits et services, les (nombreuses) demandes clients peuvent provoquer une détérioration de la qualité du produit/service (E2 et E3). Pour éviter une telle dérive, des investissements sont réalisés en termes de capacité de services (E5) ou de capacité de développement de produits (E6).

Naturellement, ces investissements réduisent les moyens financiers qui pourraient être destinés à d'autres actions (faire de la publicité, par exemple) visant l'augmentation de la demande clients (E7 et E8). Pour maintenir l'attractivité des produits ou services, les prix peuvent être réduits (E4). Mais pendant combien de temps ?

Responsable	Boucles			
	R1 *Génération de la demande*	E2 *Érosion de la qualité de service*	E3 *Érosion de la qualité du produit*	...
Commercial/ marketing	X	X		
Production			X	
Qualité			X	

Figure 3.21
Exemple de matrice de pilotage de la performance d'un DBC

Cet archétype nous conduit vers ce que nous appellerons la théorie de l'attractivité relative.

Exemple 2

Une organisation, un état, une région, une ville ne peut pas tout offrir. Au début, la ville attractive est peu peuplée, les prix de l'immobilier sont bas, la pollution n'existe pratiquement pas, etc.

Mais bientôt surviennent des facteurs «négatifs» liés à l'arrivée d'un nombre croissant de personnes : cela entraîne un trafic routier important, de la pollution, une flambée des prix de l'immobilier, etc. Un véritable cauchemar !

L'archétype dynamique : un levier de performance décisionnelle

L'utilisation des meilleures pratiques est nécessaire mais insuffisante : il nous faut également comprendre et anticiper les problèmes, ce en quoi les archétypes dynamiques nous aident parfaitement. Associés à la Balanced Scorecard et à la systémique, les archétypes dynamiques permettent d'anticiper les performances de l'organisation à partir de modèles de référence, et non plus seulement à partir d'intuitions ou de standards de management tels que les normes (ISO 9000...).

Le chiffre d'affaire planifié n'est pas atteint. Pourquoi? L'objectif est-il trop ambitieux? Comment se situent nos concurrents? Est-ce à cause de la compétence de l'équipe commerciale, du marketing ou tout simplement de la saturation du marché?

(Voir l'archétype de la croissance limitée.)

Nous sommes souvent contraints de revoir nos objectifs à la baisse. Pourquoi?

(Voir l'archétype de l'érosion des objectifs.)

Nous étions les meilleurs, nous ne le sommes plus. Pourquoi?

(Voir l'archétype de la croissance et du sous-investissement.)

Nos produits et services ne sont plus attractifs pour nos clients. Pourquoi?

(Voir l'archétype de la force d'attraction.)

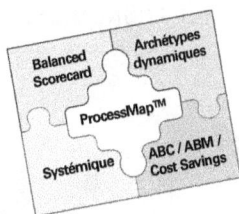

Chapitre 4

Balanced Scorecard — Archétypes dynamiques — ProcessMap™ — Systémique — ABC / ABM / Cost Savings

Un levier de performance économique : Activity Based Costing/ Activity Based Management/ Cost Savings

«Pour commencer, il s'agit de mesurer ce qui peut être mesuré facilement. Cela ne pose pas de problème, du moins jusqu'à un certain point. La deuxième étape consiste à ignorer ce qui ne peut être mesuré facilement, ou à lui attribuer une valeur arbitraire. Ici, la démarche devient artificielle et erronée. En troisième lieu, on suppose que ce qui ne peut pas être mesuré facilement n'est pas réellement important. C'est de l'inconscience. Enfin, on dit que ce qui ne peut pas être mesuré facilement n'existe pas vraiment. Et là, c'est du suicide.»

LE SOPHISME DE MCNAMARA

Pourquoi l'Activity Based Costing?

Notre objectif n'est pas de remplacer un modèle comptable – qu'il s'agisse de comptabilité générale, économique ou analytique – et ses différentes évolutions (coûts complets, *direct costing*, imputation rationnelle…) par un autre modèle comptable adapté à la gestion, c'est-à-dire la comptabilité par activité. En revanche, nous souhaitons utiliser cette dernière, plus connue sous les termes PBC/ABC (Process Based Costing/Activity Based Costing), pour approcher le «coût réel» des choses[1].

La «courbe en S» de la Figure 4.1, établie à partir de nombreuses applications de la méthode PBC/ABC, montre que le coût d'un «volume bas» (à savoir d'une faible quantité de sortie d'activité) peut être surévalué jusqu'à 1 000 % par rapport au coût issu d'une approche traditionnelle (comptabilité générale, analytique). De même, le coût de sortie d'activité d'un produit de «faible complexité» peut être sous-évalué de 50 à 200 %.

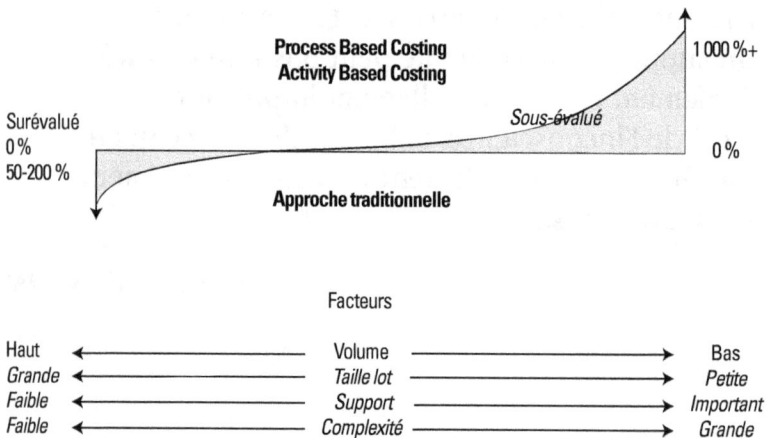

Figure 4.1
**La courbe de déviation en «S» entre l'approche PBC/ABC
et l'approche traditionnelle**

1. Cela peut sembler ironique, mais le «management des coûts» (*costs management*) est, selon notre point de vue, un oxymoron. On ne «manage» pas vraiment des coûts; on essaie plutôt d'en comprendre les causes.

L'approche budgétaire traditionnelle, de par ses mécanismes d'allocation des coûts, n'est pas très pertinente pour traiter les coûts indirects. De surcroît, l'approche budgétaire traditionnelle peut induire des décisions «risquées», comme de continuer à faire vivre des produits non rentables ou investir dans des lignes de production non rentables ou, à l'inverse, négliger des marchés ou des clients profitables…

La méthode PBC/ABC, développée par Robin Cooper, Thomas Johnson et Robert Kaplan (le co-créateur de la Balanced Scorecard) dans les années 1980, est à la base du postulat suivant, illustré à la Figure 4.2.

Les objets de coûts (*cost objects*) tels que les clients, les fournisseurs, les produits, etc., consomment des activités (*activity drivers*), ces activités consomment des ressources (*resource drivers*), et les ressources ont un coût pour la période considérée.

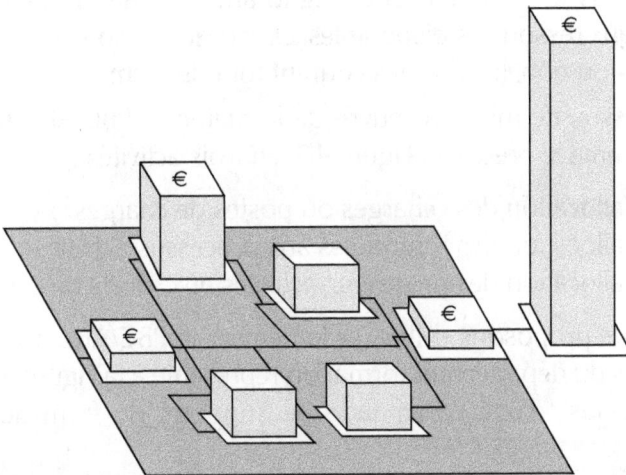

Figure 4.2
Coûts basés sur les processus/activités (PBC/ABC)

Domaine d'application

Les méthodes PBC/ABC s'appliquent aux processus récurrents tels que la fabrication ou la production en série, la logistique, etc., dans des domaines aussi variés que l'électronique, l'informatique, la qualité, la mécanique, la grande distribution, le transport, les services, le médical pour calculer par exemple le «coût réel» d'un acte.

Processus de mise en œuvre de la méthode PBC/ABC

La littérature de ce domaine évoque généralement deux activités dans le processus de mise en œuvre, ignorant l'allocation des postes de charges aux ressources disponibles. Or, que les ressources soient consommées ou non, les charges courent tout de même…

Le processus de mise en œuvre de la méthode PBC/ABC se décline donc, comme le précise la Figure 4.3, en trois activités :

- l'allocation des «charges ou postes de charges»;
- l'allocation des ressources aux processus/activités;
- l'allocation des processus/activités aux objets de coûts.

Nous vous proposons d'illustrer la démarche PBC/ABC avec l'un des processus du département formation représenté à la Figure 4.4, «Carte de processus "d'une commande de supports de formation à leur livraison"».

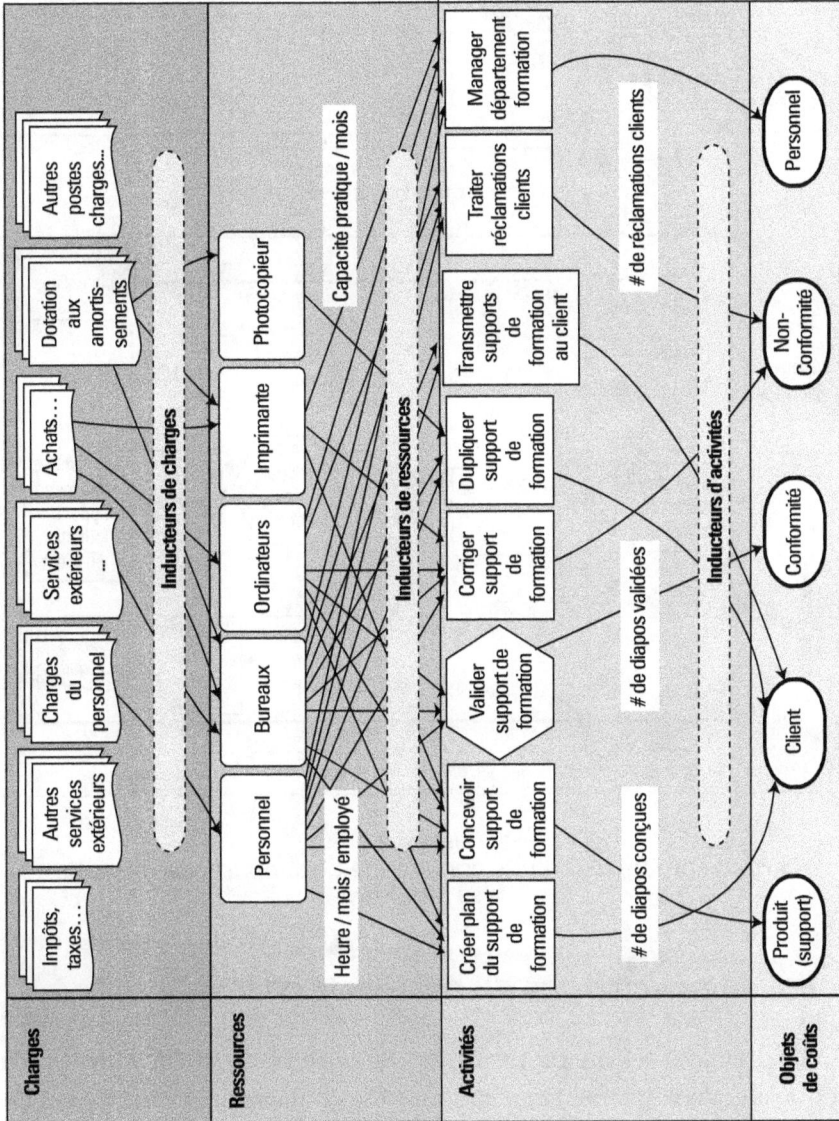

Figure 4.3
Principes d'allocations PBC/ABC

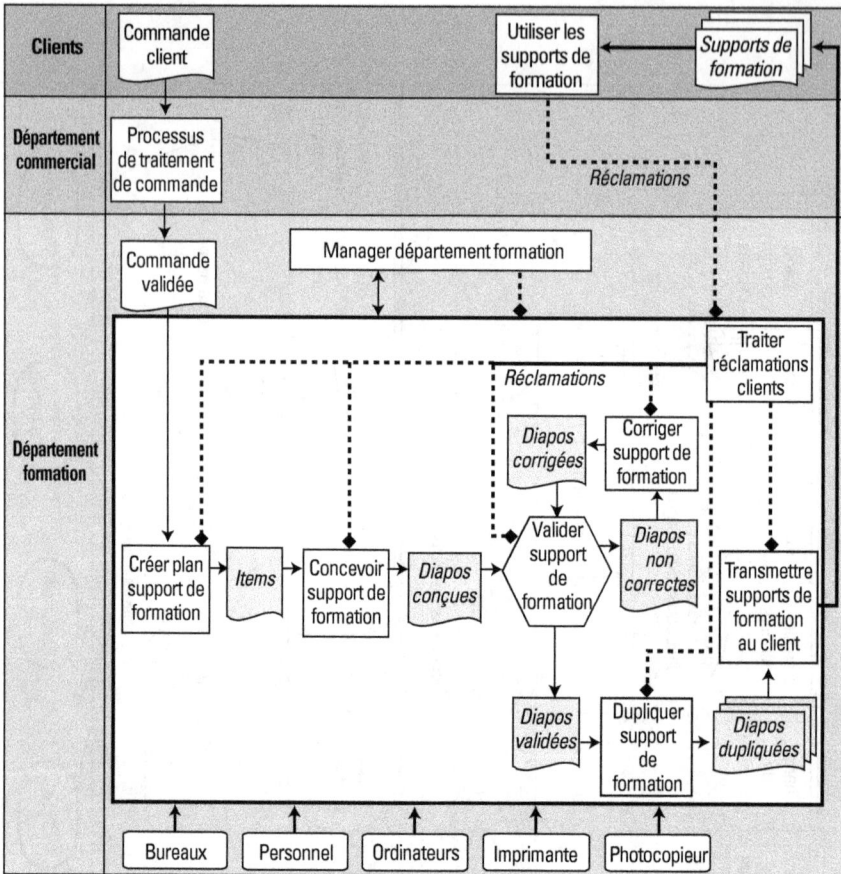

Figure 4.4
**Carte de processus «d'une commande de supports de formation
à sa livraison»**

Allouer les «charges ou postes de charges»

Cette première activité du processus de mise en œuvre de la méthode
PBC/ABC, généralement placée sous la responsabilité du contrôleur de
gestion qui assure le lien avec le système de comptabilité de l'organisation, a pour finalité d'allouer les «charges ou postes de charges» aux
différentes ressources disponibles de l'organisation. Le tableau
Figure 4.5 montre la façon dont les charges de la comptabilité générale

(classe 6) sont allouées à la ressource «bureau formation», pour un montant fixe de 550,00 € et un montant variable de 100,00 € :

- achats non stockés ;
- matériel de protection ;
- prime d'assurance ;
- dotation/charges d'exploitation.

Ressource	Quantité max	Inducteur de ressource	Charges	Montant fixe	Montant variable
Resources humaines				*14 000*	*1 800*
Commerciaux (3)	420	heures / mois / employés (3)	**Coût total de la ressource**	**5 700**	**1 500**
			Rémunération du personnel	4 500	0
			Charges de sécurité sociale et prévoyance	700	0
			Autres charges sociales (CSG…)	500	0
			Primes	0	1 500
Formateurs (3)	420	heures / mois / employé (3)	**Coût total de la ressource**	**5 700**	**0**
			Rémunération du personnel	4 500	0
			Charges de sécurité sociale et prévoyance	700	0
			Autres charges sociales (CSG…)	500	0
Resp. formation (1)	160	heures / mois / responsable (1)	**Coût total de la ressource**	**2 600**	**300**
			Rémunération du personnel	2 300	0
			Charges de sécurité sociale et prévoyance	200	0
			Autres charges sociales (CSG…)	100	0
			Primes	0	300

…/…

Infrastructures et environnement de travail				2 440	1 965
Bureau formation	70	Taux d'occupation en heures (pratique/ mois)	Coût total de la ressource	550	100
			Achats non stockés	0	100
			Matériel de protection	100	0
			Primes	150	0
			Dotation — charges d'exploitation	300	0
Bureau photocopies	5	Taux d'occupation en heures (pratique/ mois)	Coût total de la ressource	250	500
			Achats non stockés	0	500
			Primes	100	0
			Dotation — charges d'exploitation	150	0

Figure 4.5
Première activité : allocation des charges aux ressources

Précisons que certaines charges prises en compte dans la comptabilité générale sont constantes ou «fixes» par rapport à la production ou, du moins, ne varieront que par paliers de production (amortissement des immobilisations, primes d'assurances…). D'autres charges varient avec le volume de production (matières premières, fournitures…). Cette variation peut ne pas être proportionnelle au volume de production, mais on choisit généralement de ramener les charges à une variation linéaire à l'intérieur de certaines plages de production.

Allouer les ressources aux processus/activités

Cette deuxième activité du processus de mise en œuvre, généralement placée sous l'autorité du responsable de l'organisation (chef du département formation dans notre cas), a pour finalité d'allouer les ressources aux activités du processus par l'intermédiaire d'inducteurs de ressources qui varient dans le temps en fonction de la consommation réelle de la ressource.

Nous noterons, à la Figure 4.6, que l'activité «concevoir support de formation» a consommé, pour élaborer les 100 diapositives du support de formation BSC, les ressources (charges) suivantes :

- responsable formation (1), pendant 3 heures;
- formateurs (3), pendant 45 heures;
- communications (téléphones, Internet, fax...), pendant 120 minutes;
- imprimantes, pendant 5 heures;
- ordinateurs, pendant 30 heures;
- bureau de formation, pendant 38 heures.

Activité du processus	Inducteur d'activité	Ressources consommées	Taux d'usage	Inducteur de ressource
Créer plan du support de formation	# d'items (20)	Resp. formation (1)	0,5	H / mois / responsable (1)
		Formateurs (3)	4	H / mois / employé (3)
		Communications (téléphone, Internet, fax...)	20	Minutes (capacité pratique / mois =15 000 mn)
		Imprimantes	0,5	Heures (capacité pratique / mois = 50 h)
		Ordinateurs	2	Heures (capacité pratique / mois = 100 h)
		Bureau formation	4	Taux d'occupation (pratique / mois = 70 h)
Concevoir support de formation	# de diapos conçues (100)	Resp. formation (1)	3	H / mois / responsable (1)
		Formateurs (3)	45	H / mois / employé (3)
		Communications (téléphone, Internet, fax...)	120	Minutes (capacité pratique / mois =15 000 mn)
		Imprimantes	5	Heures (capacité pratique / mois = 50 h)
		Ordinateurs	30	Heures (capacité pratique / mois = 100 h)
		Bureau formation	38	Taux d'occupation (pratique / mois = 70 h)

.../...

Valider support de formation	# de diapos validées	Resp. formation (1)	3	H / mois / responsable (1)
		Formateurs (3)	10	H / mois / employé (3)
		Communications (téléphone, Internet, fax…)	15	Minutes (capacité pratique / mois = 15 000 mn)
		Bureau formation	9	Taux d'occupation (pratique / mois = 70 h)

Scénario : support de formation BSC

Figure 4.6
Deuxième activité : allocation des ressources aux activités

Vous noterez que nous avons préféré utiliser, comme inducteur de la ressource «bureau de formation», le taux d'occupation (en heures) plutôt que le nombre de m^2. Les potentialités de réduction des coûts sont en effet plus pertinentes avec l'inducteur «taux d'occupation» qu'avec l'inducteur «nombre de m^2».

Les ressources consommées par les activités ont un coût pour une période de référence (mois, trimestre, semestre, année). Le coût d'une ressource est lié à la consommation de charges, dont certaines sont fixes (salaires de base, taxes) — même si, selon Robert Kaplan, «seul le management est fixe» — et d'autres variables (consommables, électricité, etc.).

Cette deuxième activité permet de connaître le coût des activités (ABC), le coût du processus (PBC) ainsi que celui d'un élément de sortie (d'activité et de processus).

Exemple (Figure 4.7) : l'activité «concevoir support de formation (BSC)» a un coût total de 1 118,53 € (1 021,04 € de coûts fixes et 97,49 € de coûts variables). Cette activité produit une quantité de 100 diapositives BSC, pour un coût de 11,19 € par diapositive.

Activités du processus	Inducteur d'activité	Objet de coût	Quantité d'inducteur d'activité	Coût / inducteur d'activité (€)	Charges fixes (€)	Charges variables (€)	Coût total (€)
Créer plan du support de formation	# d'items	Client	20	5,45	98,44	10,52	108,95
Concevoir support de formation	# de diapos conçues	Produit (support)	100	11,19	1 021,04	97,49	1 118,53
Valider support de formation	# de diapos validées	Conformité	130	2,11	255,18	19,24	274,42
Corriger support de formation	# de diapos corrigées	Non-conformité	30	5,28	145,19	13,14	158,33
Dupliquer support de formation	# de diapos dupliquées	Client	1 000	1,06	502,14	558,33	1 060,48
Transmettre supports de formation au client	# de colis	Client	1	23,87	21,43	2,44	23,87
Traiter réclamations client	# de réclamations	Non-conformité	5	20,47	91,07	11,30	102,37
Manager département formation	# de formateurs	Personnel (formateur)	3	27,66	72,32	10,67	82,99
Coût total du processus (PBC) (€)					2 206,80	723,13	2 929,94
Inducteur de processus (# de supports de formation)					10	10	10
Coût / inducteur de processus (€)					220,68	72,31	292,99
Total %					75,32 %	24,68 %	100,00 %

Scénario : 10 supports de formation BSC

Figure 4.7
Coût des activités et du processus «d'une commande de supports de formation à leur livraison»

Le processus de conception du support de formation (scénario «10 supports de formation BSC») a un coût total de 2 929,94 € (2 206,80 € de coûts fixes et 723,13 € de coûts variables). Le coût total d'un support de formation BSC est de 292,99 €.

Le «# de diapositives conçues» est l'inducteur de l'activité «concevoir support de formation», tandis que le «# de supports de formation» représente l'inducteur du processus. L'inducteur d'activité/processus mesure la production de l'activité/processus, c'est-à-dire son volume de sortie (voir Figure 4.7).

Les spécialistes de la comptabilité observeront que la notion d'inducteur d'activité/de processus est similaire à la notion d'unité d'œuvre dans la méthode des sections homogènes. Quelques différences subsistent cependant.

Les unités d'œuvre permettent d'affecter les frais généraux comme le nombre d'heures de la main d'œuvre directe, les heures-machine ou le prix du matériel. On répartit donc les charges indirectes au prorata des charges directes. Cette manière de faire est critiquable compte tenu de l'importance croissante des charges indirectes et du poids de plus en plus négligeable des charges directes. Les unités d'œuvre que l'on peut caractériser de «volumiques» ne peuvent pas distinguer les produits fabriqués en grandes quantités de ceux fabriqués en petites quantités, ce qui les rend insensibles aux économies d'échelle réalisées. De plus, elles ne reflètent pas la complexité des activités réalisées, ni l'efficacité de l'organisation (voir la courbe en «S» à la Figure 4.1).

Allouer les processus/activités aux objets de coûts

La dernière activité du processus de mise en œuvre de la méthode PBC/ABC, également placée sous l'autorité du responsable de l'organisation, est sans nul doute la plus importante. Elle a pour finalité d'allouer les activités/processus aux objets de coûts, véritables leviers stratégiques et de *benchmarking* pour l'organisation. On les désigne parfois comme «objets du métier de l'organisation», cependant nous préférons le terme «objets de coûts» car, par exemple, un objet de coût «non-conformité» n'est pas franchement un objet métier…

Un objet de coût peut être tangible (produit, marché, client, fournisseur) ou intangible (service). Nous noterons ici que la comptabilité traditionnelle ne propose, généralement, qu'un seul objet de coût : le produit. Pour identifier les objets de coûts, nous devons rechercher ce qui a généré le processus/l'activité. (Les termes «générateur de processus» et «générateur d'activité» équivalent, respectivement, aux termes «inducteur de processus» et «inducteur d'activité».)

Quels sont les objets de coûts?

Dans notre exemple, et par rapport à ce que nous souhaitons analyser (coût de conformité et de non-conformité), nous avons identifié cinq objets de coûts d'activité :

- le client ;
- le produit (support) ;
- la non-conformité ;
- le personnel (formateurs) ;
- la conformité.

La Figure 4.8 permet de visualiser la structure de coût du processus («10 supports de formation BSC») sous forme d'objets de coûts d'activité. Nous observons que :

- 40,7 % du coût du processus, soit 1 193,3 € sont induits par trois activités liées au client : «créer plan du support de formation», «dupliquer support de formation», «transmettre support de formation au client». (Nous avons considéré l'activité «créer plan du support de formation» comme induite par le client externe et non par le produit ; c'est une question de point de vue.)
- 38,2 %, soit 1 118,5 € sont induits par l'activité «concevoir support de formation».
- 9,4 %, soit 274,4 € sont induits par l'activité «valider support de formation».
- 8,9 %, soit 260,7 € sont induits par deux activités traitant des non-conformités : «corriger support de formation» et «traiter réclamations client».
- Enfin, 2,8 % du coût du processus sont générés par l'activité «manager département formation».

Client	Produit (support)	Conformité	Non-conformité	Personnel (formateur)	Coût total
1 193 €	1 119 €	274 €	260 €	83 €	2 929 €
40,7 %	38,2 %	9,4 %	8,9 %	2,8 %	

Scénario : 10 supports de formation BSC

Figure 4.8
**Les objets de coûts du processus «d'une commande
de supports de formation à sa livraison»**

Par définition, un système ou un processus est générique. Cela signifie que nous pouvons concevoir différents types de produits (les supports de formation dans notre exemple) avec le même processus. Ce qui changera éventuellement, ce sont les ressources ou le taux de consommation de ressources par processus/activité pour concevoir les différents types de produits. Avec la méthode PBC/ABC, nous pouvons ainsi comparer le coût des différents produits d'un même processus à l'aide de ces différents objets de coûts.

- supports (10) de formation sur les méthodes ABC/ABM;
- supports (10) de formation sur l'approche système;
- supports (10) de formation sur la BSC.

La Figure 4.9 présente les coûts du scénario du processus correspondant aux «10 supports de formation ABC/ABM». Si l'on étudie ces coûts par rapport au précédent scénario («10 supports de formation BSC»), sachant que le nombre de diapositives (100) est le même pour chacun, on observe que le coût du processus de 10 supports de formation ABC/ABM (3 201,81 €) est plus élevé que celui du processus de conception et duplication de 10 supports de formation BSC (2 929,94 €).

La Figure 4.10 ci-après permet de visualiser la structure de coût du processus (10 supports de formation ABC/ABM) sous forme d'objets de coûts d'activité.

Activités du processus	Inducteur d'activité	Objet de coût	Quantité d'inducteur d'activité	Coût / inducteur d'activité (€)	Charges fixes (€)	Charges variables (€)	Coût total (€)
Créer plan du support de formation	# d'items	Client	20	6,15	109,86	13,20	123,06
Concevoir support de formation	# de diapos conçues	Produit (support)	100	13,71	1 252,66	117,92	1 370,58
Valider support de formation	# de diapos validées	Conformité	150	2,05	290,00	17,23	307,23
Corriger support de formation	# de diapos corrigées	Non-conformité	50	3,67	159,37	24,35	183,72
Dupliquer support de formation	# de diapos dupliquées	Client	1 000	1,06	502,14	558,33	1 060,48
Transmettre supports de formation au client	# de colis	Client	1	23,87	21,43	2,44	23,87
Traiter réclamations client	# de réclamations	Non-conformité	7	7,13	41,78	8,10	49,88
Manager département formation	# de formateurs	Personnel (formateur)	3	27,66	72,32	10,67	82,99
Coût total du processus (PBC) (€)					2 449,56	752,25	3 201,81
Inducteur de processus (# de supports de formation)					10	10	10
Coût / inducteur de processus (€)					244,96	75,22	320,18
Total %					76,51 %	23,49 %	100,00 %

Scénario : 10 supports de formation ABC/ABM

Figure 4.9
Coût des activités et du processus «d'une commande de supports de formation à leur livraison»

Client	Produit (support)	Conformité	Non-conformité	Personnel (formateur)	Coût total
1 207 €	1 370,6 €	307,2 €	233,6 €	83 €	3 201,8 €
37,7 %	42,8 %	9,6 %	7,3 %	2,6 %	

Scénario : 10 supports de formation ABC/ABM

Figure 4.10
**Les objets de coûts du processus «d'une commande
de supports de formation à leur livraison»**

Rappelons ici qu'un coût est variable lorsqu'il est proportionnel au volume de sortie du processus/de l'activité (quantité de sortie) sur un court terme. Un coût est fixe lorsqu'il ne varie pas en fonction du volume de sortie du processus/de l'activité.

Les deux relations causales que sont l'allocation des ressources aux activités et l'allocation des activités aux objets de coûts permettent de rendre variables la majorité des coûts considérés comme fixes par les approches traditionnelles de comptabilité. (C'est d'ailleurs pourquoi nous n'avons pas utilisé la formule : coût total = coût fixe + coût variable.) Ainsi, c'est bien la consommation des ressources par les processus/activités, ainsi que la consommation des processus/activités par les objets de coûts qui sont à la base de l'approche PBC/ABC, et non l'allocation «arbitraire» des coûts, comme le proposent les approches budgétaires traditionnelles.

Pourquoi l'Activity Based Management?

Notre propos n'est pas tant de connaître le coût des choses (PBC/ABC), mais bien d'identifier les causes de coûts à partir de la méthode Activity Based Management (ABM).

En effet, en termes de performances, le système, le processus ou l'activité peut remplir sa mission avec plus ou moins d'efficacité et d'efficience. L'efficience est une notion relative qui traduit le degré de performance dans l'utilisation d'un actif par rapport à un maximum théoriquement permis par cet actif (par exemple, une machine utilisée à 90 % de sa capacité de production maximale). (Activité efficiente = entrées actuelles/entrées planifiées. Activité efficace = sorties réalisées/ sorties planifiées.)

Que veut le client?

Qu'est-ce qui a de la valeur pour le client?

Combien est-il prêt à dépenser pour obtenir satisfaction?

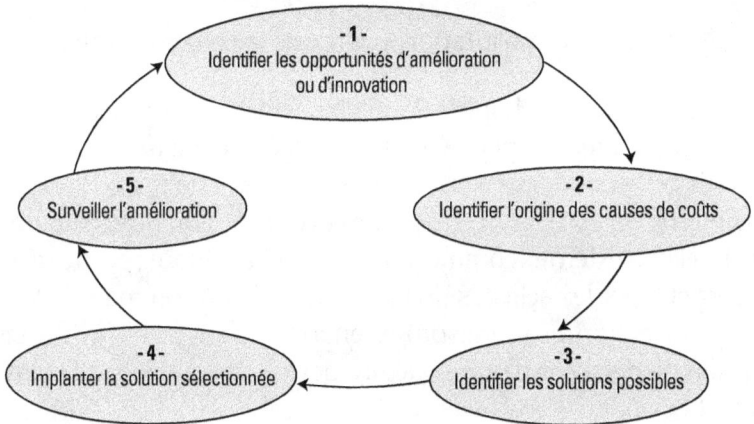

Figure 4.11
Processus d'amélioration continue basé sur ABM

ABM à partir de la «chaîne de valeur»

La méthode ABM est un ensemble de principes destinés à améliorer la performance des systèmes, processus et activités à partir des besoins et attentes des clients, ce qui suppose que l'on analyse, par exemple, les activités consommatrices de coûts et de délais selon le point de vue du client, c'est-à-dire selon sa «chaîne de valeur». En effet, malheur à l'entreprise qui n'aurait que des clients internes satisfaits!

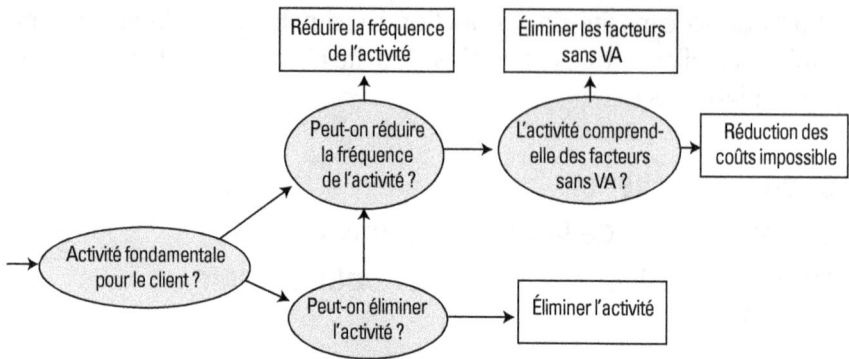

Figure 4.12
Possibilités d'amélioration à partir de la chaîne de valeur

Nous avons noté, au Chapitre 2, qu'une activité d'un processus, voire le processus lui-même, peuvent être classifiés (répétitifs, non répétitifs, primaires ou secondaires, stratégiques, discrétionnaires, requis par un client interne ou externe…) et/ou typés avec la notion de valeur ajoutée pour le client externe, comme dans notre cas. Nous proposons de classifier et typer les activités du processus «d'une commande de supports de formation à sa livraison» (scénario : 10 supports de formation BSC), afin de disposer d'une structure des coûts fondée sur la classification et le typage des activités du processus.

Les résultats sont présentés aux figures 4.13 à 4.16.

Activités du processus «d'une commande de supports de formation à leur livraison»	Haute valeur ajoutée (HVA)	Non-valeur ajoutée (NVA)	Faible valeur ajoutée (FVA)
Créer plan du support de formation	X		
Concevoir support de formation	X		
Valider support de formation			X
Corriger support de formation		X	
Dupliquer support de formation	X		
Transmettre supports de formation au client	X		
Traiter réclamations client	X		
Manager département formation		X	

Figure 4.13
Typage des activités du processus «d'une commande de supports de formation à sa livraison»

Haute valeur ajoutée (HVA)	Moyenne valeur ajoutée (MVA)	Faible valeur ajoutée (FVA)	Non-valeur ajoutée (NVA)	Coût total
2 414,20 €	0 €	274,42 €	241,32 €	2929,94 €
83 %	0 %	9 %	8 %	

Scénario : 10 supports de formation BSC pour la période *p*

Figure 4.14
Typage valorisé des activités du processus
«d'une commande de supports de formation à leur livraison»

Activités du processus «d'une commande de supports de formation à leur livraison»	Activité principale (AP)	Activité secondaire (AS)	Activité requise par le client externe (AR)
Créer plan du support de formation	X		
Concevoir support de formation	X		
Valider support de formation		X	
Corriger support de formation		X	
Dupliquer support de formation			X
Transmettre supports de formation au client			X
Traiter réclamations client		X	
Manager département formation		X	

Figure 4.15
Classification des activités du processus
«d'une commande de supports de formation à leur livraison»

Activité principale (AP)	Activité secondaire (AS)	Activité requise par le client (AR)	Coût total
1 227,48 €	618,11 €	1 084,35 €	2 929,94€
42 %	21 %	37 %	

Scénario : 10 supports de formation BSC pour la période *p*

Figure 4.16
Classification valorisée des activités du processus «d'une commande
de supports de formation à leur livraison»

Identifier les possibilités d'amélioration et/ou d'innovation

Nous vous proposons d'identifier les possibilités d'amélioration et/ou d'innovation du processus «d'une commande de supports de formation à leur livraison» (scénario : 10 supports de formation BSC) à partir des données issues :

- des objets de coûts;
- de l'analyse de la «chaîne de valeur» par typage des activités (HVA, NVA, FVA…) et classification des activités (AP, AS, AR…).

Dans un premier temps, nous procédons à l'analyse de la structure de coût des objets de coûts. La Figure 4.8 montre que :

- 9,4 % du coût total du processus concernent la conformité («valider support de formation»), c'est-à-dire la qualité du produit (action préventive).
- 8,9 % du coût total du processus sont induits par des actions correctives («corriger support de formation» et «traiter réclamations client»).

Dans un deuxième temps, nous procédons au typage des activités. Les figures 4.13 et 4.14 indiquent, selon notre point de vue, que l'activité :

- «Valider support de formation» est à faible valeur ajoutée (FVA) pour le client externe.
- «Corriger support de formation» est à non-valeur ajoutée (NVA) pour le client externe.
- «Traiter réclamations client» est à haute valeur ajoutée (HVA).

Enfin, il est nécessaire de classifier les activités. Les figures 4.15 et 4.16 précisent, toujours selon notre point de vue, que «valider support de formation», «corriger support de formation» et «traiter réclamations client» sont des activités secondaires (AS).

Classification / typage des activités du processus «d'une commande de supports de formation à leur livraison»	Niveau de performance actuel	Niveau de performance des «meilleurs»
Haute valeur ajoutée	82,40 %	90 %
Non-valeur ajoutée/faible valeur ajoutée	8,24 + 9,37 = 17,61 %	10 %
Activité principale (AP) + requise (AR)	41,89 + 37,01 = 78,90 %	85 %
Activité secondaire (AS)	21,10 %	15 %

Figure 4.17
Classification des activités

Identifier l'origine des causes de coûts, de délai…

L'analyse de *benchmarking* montre qu'il existe, au niveau des activités «valider support de formation» et «corriger support de formation», une consommation de ressources et par conséquent de coûts sans réelle valeur ajoutée ou à faible valeur ajoutée pour le client externe.

Il faut cependant faire attention à ne pas généraliser ces conclusions. Par exemple, l'activité «valider support de formation» est, selon notre point de vue, à faible valeur ajoutée car elle n'est pas requise par le client externe. Or ce n'est pas toujours le cas ; un client peut exiger dans son contrat une «validation du produit». Cette activité posséderait alors comme attributs de classification et de typage : HVA (haute valeur ajoutée) et AP (activité principale).

Identifier la ou les solutions possibles

L'analyse des causes de coûts nous conduit à modifier le processus «d'une commande de supports de formation à sa livraison» en déplaçant l'activité «valider support de formation» vers le client et en favorisant les échanges (*via* Internet avec l'ADSL, par exemple) afin que son coût (274,4 €), qui représente 9,4 % du coût total du processus, soit pris en charge par le client. (Voir les figures 4.7 et 4.8.)

Implanter la solution

La Figure 4.18 permet de visualiser la nouvelle implantation du processus «d'une commande de supports de formation à leur livraison».

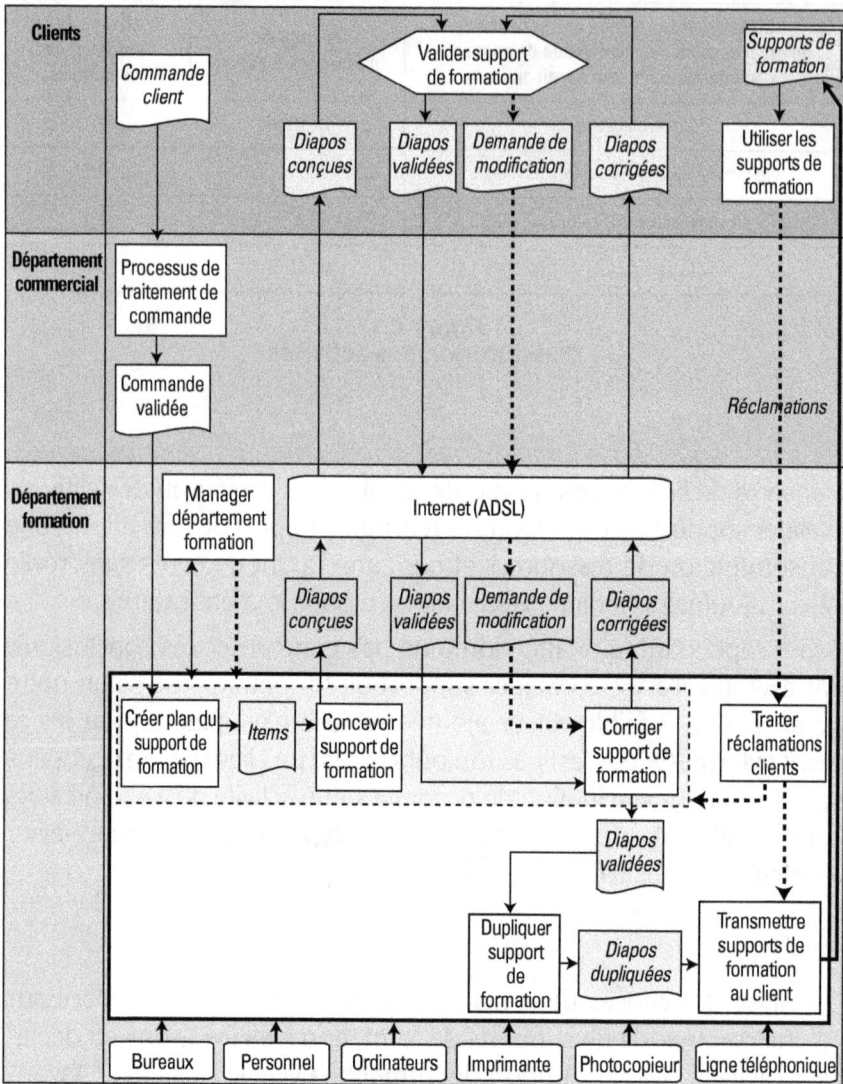

Figure 4.18
**Carte de processus «d'une commande de supports
de formation à leur livraison»**

Les principaux changements par rapport à la version 1 de la Figure 4.4 concernent l'activité «valider support de formation», désormais effectuée par le client externe.

Ainsi, les diapositives conçues sont transmises *via* Internet au client externe qui en effectue la validation. Deux chemins sont possibles, compte tenu des résultats de l'activité :

- diapositives validées;
- demande de modification.

Les résultats de l'activité «valider support de formation» sont transmis par Internet au département formation, qui confirme la validation des diapositives par le client ou en demande la modification avant de transmettre à nouveau les diapositives corrigées.

Surveiller l'amélioration

La réalisation de l'activité «valider support de formation» par le client devrait entraîner une diminution du nombre de réclamations client – 5 réclamations client pour 102,4 €, soit 3,5 % du coût du processus (voir les figures 4.6 et 4.8) – tout en favorisant la relation client, augmentant ainsi sa satisfaction. Du point de vue du pilotage de la performance (lien avec la BSC), un objectif tel que l'amélioration des échanges avec le client pourrait être défini par le responsable du département formation (activité «manager département formation»), en prenant comme mesure le temps passé avec un client externe ou le nombre de projets intégrant un client externe.

ABM à partir des «causes de coûts»

Après avoir classifié et typé les processus/activités, nous pouvons analyser leurs principales causes de coûts :

La principale cause de coûts est induite par l'existence même de l'objet de coût : si un objet de coût de «non-conformité» existe, alors il induit des activités telles que «corriger support de formation» et «traiter les réclamations client», qui nécessitent des ressources (personnel, bureau…) qui ont un coût. Supprimez l'objet de coût, limitez son occurrence ou, à défaut, réduisez le taux de consommation des ressources et vous ferez des économies…

La deuxième cause de coût, appelée généralement cause de coût opérationnelle, correspond à la récurrence de l'activité : si l'activité est induite plusieurs fois, alors son coût augmente. Par exemple, si l'activité «modifier le support» est réalisée 10 fois suite à 10 modifications et qu'elle coûte 1000 €, le coût d'une modification est de *1000 € /10*, soit 100 €. Ce calcul simple, s'il n'est pas tout à fait juste (en raison des coûts fixes et variables), est largement suffisant au niveau des principes.

La troisième cause de coût d'une activité est induite par la capacité excédentaire. Pour illustrer la capacité utilisée ou inutilisée dans la méthode ABC, considérons par exemple un ordinateur ayant un coût annuel de 100 000 €, pour une capacité actuelle d'utilisation de 5 000 H et une capacité pratique de 8 000 H.

- 1re méthode (traditionnelle) du calcul de coût fixe, basée sur la capacité actuelle de l'ordinateur : coût/capacité actuelle, soit

  100 000 €/5 000 H = 20 € l'heure d'ordinateur

- 2e méthode (moderne) du calcul de coût fixe, basée sur la capacité pratique de l'ordinateur : coût/capacité pratique, soit :

  100 000 €/8 000 heures = 12,50 € l'heure d'ordinateur

  On a donc 5 000 heures actuelles d'utilisation à multiplier par 12,5 € :

  5 000 × 12,5 = 62 500 €

  Ou alors : capacité inutilisée/coût = (capacité pratique − capacité actuelle)/capacité pratique × coût. Soit :

  (8 000 − 5 000)/8 000 × 100 000 = 37,500 €

La quatrième cause de coût d'une activité est induite par différents «dysfonctionnements», tels que : des salariés non formés, un environnement de travail inadapté, des procédures complexes. On parle dans ce cas d'inducteur de coût.

Le terme «inducteur de coût» (*cost driver*) est souvent mal utilisé. Les inducteurs de coûts correspondent aux «facteurs qui influencent» le coût de l'activité. L'inducteur de coût ne doit pas être confondu avec l'«inducteur d'activité» (*activity driver*), qui désigne le «facteur inducteur d'activité». Il n'y a qu'un seul inducteur d'activité par activité (ou un seul inducteur de processus par processus). Mais il peut y avoir plusieurs inducteurs de coûts.

La méthode PBC/ABC cherche à identifier les causes de consommation de ressources de l'organisation au travers des activités. La méthode

ABM cherche, quant à elle, à identifier les causes de «consommations de coûts» à partir des inducteurs de coûts.

Identifier les possibilités d'amélioration ou d'innovation

Lors d'un audit (financier, produit, qualité), plusieurs dysfonctionnements, non-conformités, ont été relevés par l'auditeur.

Identifier l'origine des causes de coûts, de délai...

Les dysfonctionnements, les non-conformités identifiés sont des inducteurs de coûts pour chaque activité du processus. Nous vous proposons d'identifier, en procédant à un *brainstorming* (mais on peut également utiliser la technique des «5 pourquoi»), les principaux inducteurs de coûts pour chaque activité du processus. Vous pouvez ensuite les classer selon les «5 M ou 6 M (Méthode, Matière, Main-d'œuvre, Milieu, Matériel, Management)» et, si nécessaire, leur affecter un poids.

Le diagramme de cause à effet ou diagramme en arêtes de poisson (*fishbone diagram*) (Figure 4.19), également connu sous le nom de diagramme d'Ishikawa (du nom de son inventeur japonais), est un excellent outil qualité pour représenter les inducteurs de coûts (et de délai).

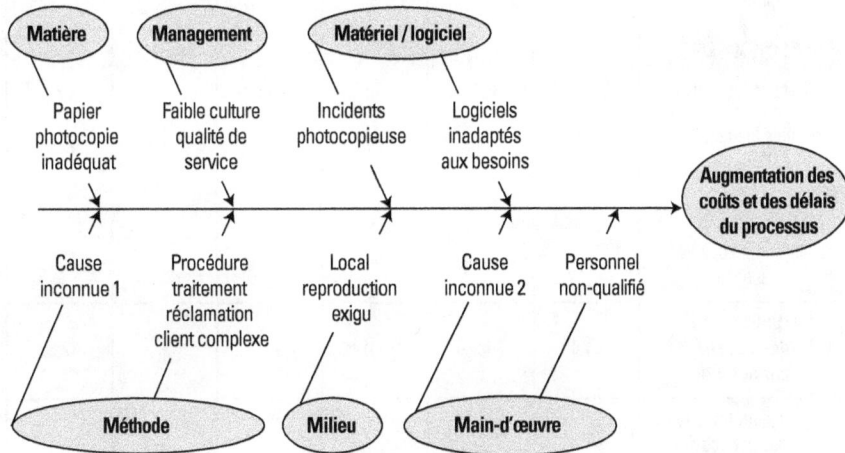

Figure 4.19
Diagramme de cause à effet ou diagramme de Kaoru Ishikawa

Le tableau d'analyse économique du processus «d'une commande de supports de formation à leur livraison» (scénario : 10 supports de formation BSC) est particulièrement intéressant à commenter (Figure 4.20).

Causes des coûts du processus d'«une commande de supports de formation à leur livraison» (scénario : 10 supports de formation BSC)					Créer plan du support de formation	
Inducteurs de coûts (causes de coûts)	Coût total de la cause (€)	% du coût d'une cause/au coût total des causes	Poids total par cause de coût	% du poids / au poids total	Poids total par cause de coût	**PRI /HVA** (30 % de108,9544 = 32,69)
Méthode						
Cause inconnue 1	33,56	4,39 %	10	2,49 %		
Procédure traitement réclamation client complexe	16,89	2,21 %	55	13,72 %		
Matière						
Papier photocopie inadéquat	47,72	6,24 %	15	3,74 %		
Main-d'œuvre						
Cause inconnue 2	3,07	0,40 %	10	2,49 %		
Personnel non-qualifié	272,89	35,69 %	150	37,41 %		
Milieu						
Local reproduction exigu	15,91	2,08 %	5	1,25 %		
Matériel /l ogiciel						
Incidents photocopieuse	254,51	33,29 %	80	19,95 %		
Logiciels inadaptés aux besoins	109,30	14,29%	41	10,22 %	1	32,69
Management						
Faible culture qualité de service	10,75	1,41 %	35	8,73 %		
Coût total des causes par activité	**764,60**	100 %	**401**	100 %	1	**32,69**
% du coût total des causes par activité						4,27 %

Scénario «10 supports de formation BSC» : seules les activités avec inducteur(s) de coûts sont représentées.

Figure 4.20 : Tableau d'analyse économique du processus

Concevoir support de formation		Corriger support de formation		Dupliquer support de formation		Traiter réclamations clients	
Poids total par cause de coût	PRI/HVA (30 % de1118,526 = 335,56)	Poids total par cause de coût	SEC/NVA (30 % de 158,3286 = 47,50)	Poids total par cause de coût	REQ/HVA (30 % de 1060,476 = 318,14)	Poids total par cause de coût	SEC/HVA (30 % de 102,3686 = 30,71)
10	33,56						
						55	16,89
				15	47,72		
						10	3,07
70	234,89	80	38				
				5	15,91		
				80	254,51		
20	67,11	20	9,50				
						35	10,75
100	**335,56**	100	**47,50**	100	**318,14**	100	**30,71**
	43,89 %		6,21 %		41,61 %		4,02 %

«d'une commande de supports de formation à leur livraison»

Si nous nous penchons sur l'activité «concevoir support de formation», nous pouvons lire :

- activité principale (PRI) à haute valeur ajoutée (HVA) pour le client externe;
- coût de l'activité : 1 118,526 € pour 100 diapositives conçues;
- 3 inducteurs de coûts (cause de coûts et de délai) :

    – personnel non qualifié : poids 70;
    – logiciels non adaptés : poids 20;
    – cause inconnue 1 : poids 10.

Le poids illustre l'importance des inducteurs de coûts (causes de coûts) les uns envers les autres. Ainsi, le «personnel qualifié» est plus conséquent en termes de coûts (travail à refaire, temps d'attente, temps de recherche…) que les «logiciels non adaptés» (utilisation de Word™ à la place de PowerPoint™, mauvaise version de PowerPoint…).

De nombreux experts estiment – et nos expériences nous l'ont confirmé – qu'on ne peut pas économiser plus de 30 % du coût total de l'activité sans la reconfigurer totalement (c'est-à-dire revoir les tâches qui composent l'activité).

Ainsi, 30 % du coût de l'activité font 335,56 € (30 % de 1 118,526). Il ne reste plus désormais qu'à utiliser les poids pour répartir les 30 % du coût des causes (ou gains potentiels) :

- personnel non qualifié (poids 70) : 234,89 €;
- logiciels non adaptés (poids 20) : 61,11 €;
- cause inconnue 1 (poids 10) : 33,56 €.

Naturellement, il s'agit là d'une «première approche» (confidentialité oblige…) de la Cost Savings Method™.

Nous pouvons vérifier que la loi de Pareto demeure, à savoir qu'environ 20 % des causes de coûts (inducteurs de coûts) sont à l'origine de 80 % des coûts, comme le montre la figure 4.21.

Inducteurs de coûts (causes de coûts)	% du coût d'une cause/au coût total des causes	% cumulé du coût des causes	% du poids / au poids total	% cumulé des poids
Personnel non qualifié	35,69 %	35,69 %	37,41 %	37,41 %
Incidents photocopieuse	33,29 %	68,67 %	19,95 %	57,21 %
Logiciels inadaptés aux besoins	14,29%	82,88 %	10,22 %	67,41 %
Papier photocopie inadéquat	6,24 %	89,12 %	3,74 %	71,14 %
Cause inconnue 1	4,39 %	93,47 %	2,49 %	73,63 %
Procédure traitement réclamation client complexe	2,21 %	95,68 %	13,72 %	87,31 %
Local reproduction exigu	2,08 %	97,76 %	1,25 %	88,56 %
Faible culture qualité de service	1,41 %	99,16 %	8,73 %	97,26 %
Cause inconnue 2	0,40 %	100,00 %	2,49 %	100,00 %

Figure 4.21
Tableau de cumul du coût des causes de coûts

Identifier la ou les solutions possibles

Les solutions possibles sont faciles à trouver, mais il faut tenir compte de leur coût : former le personnel, changer de photocopieuse ou externaliser les duplications, mettre à jour les logiciels…

ABC/ABM et lean production

Les principes généraux de *lean production*[1] (production au plus juste) sont nés chez Toyota dans les années 1950, mais c'est vers la fin de 1970 qu'ils se sont développés dans l'industrie japonaise et dans les industries occidentales.

---

1. La *lean production* est une recommandation de la norme ISO/TS 16949 : 2002 (§ 6.3.1).

L'objectif principal de la *lean production*, à travers l'optimisation de la production ou de la chaîne de production, est de satisfaire les clients en leur proposant des produits de haute qualité à bas prix. Pour atteindre cet objectif, il a fallu augmenter l'efficience des processus de production en termes de coûts et de délais : c'est ainsi que Toyota a inventé le juste-à-temps. De même, le *target costing* (méthode du coût cible), également appelé *genka kikaku* (terme japonais), a été appliqué à de nombreuses entreprises japonaises à partir des années 1960.

Le *target costing* est un processus qui commence lorsqu'on fixe le prix du produit en fonction du marché; c'est un prix indicatif, souvent basé sur une enquête du marché. Cette activité du processus est réalisée pendant la phase de R&D, avant que les procédés de production soient décidés et les ressources engagées. L'activité suivante a pour objet de fixer un «rendement de retour» ou «bénéfice cible», souvent basé sur un rapport approprié de retour sur les ventes (*return on sales, ROS*). Une fois que le prix indicatif d'entrée sur le marché (*target price*) et le bénéfice cible (*target profit*) ont été fixés, le coût cible (*target cost*) peut être calculé : il s'agit du coût que le processus de production ne doit pas excéder. La dernière activité du processus de *target costing* consiste à mettre en œuvre les procédés de production et à suivre les coûts par rapport à la cible (*target cost*).

L'approche de *lean production* n'est ni ascendante ni descendante : son management repose sur les valeurs du confucianisme, qui incluent le positionnement social dans une hiérarchie sociale. Ainsi, pour Confucius, lettré et philosophe chinois (vers 551–479 avant J.-C.), il faut que «[…] le père se conduise en père, le fils en fils».

Par ailleurs, il existe des similitudes entre la *lean production* et la méthode ABM, ce qui ne doit pas étonner puisque la méthode ABM a été créée afin d'augmenter la compétitivité des entreprises occidentales pour faire face aux entreprises japonaises. Ces deux approches poursuivent le même but : éliminer ou, à défaut, réduire tout travail qui n'apporte pas une réelle valeur ajoutée au client final.

La méthode ABC/ABM
et la Balanced Scorecard

Le coût, la qualité et le délai définissent habituellement l'exécution de n'importe quel processus.

S'il est relativement facile de mesurer la qualité et le délai, il est par contre moins aisé d'évaluer les coûts, puisqu'il n'existe pas, à notre connaissance, d'instrument physique pour ce faire. Mais la méthode ABC, utilisée par la dimension système/processus clés de la BSC, peut servir d'instrument.

Cependant, connaître le coût «réel» d'un processus ou d'une activité ne correspond qu'à la première étape du processus d'optimisation des coûts exécuté par les managers et employés de l'organisation. Il existe une seconde étape, lors de laquelle est utilisée la méthode ABM, dont les principes de base peuvent servir à atteindre la cible planifiée d'une valeur d'objectif.

La méthode ABC/ABM : un levier
de performance économique

La méthode ABC s'intéresse à la performance passée d'un processus/ d'une activité pour mieux appréhender l'avenir. Ainsi, un contrôle de gestion par processus/activités permettra de déterminer les rapports coût/efficacité et efficience économique/efficacité.

Nous ne saurions conclure ce chapitre sans faire le lien avec la «structure apprenante clé» d'une BSC, et plus particulièrement entre la courbe d'apprentissage du personnel et la méthode ABC/ABM. En effet, plus l'expérience des employés est grande, plus leur productivité est importante; et, réciproquement, plus la productivité des employés est importante, plus ils deviennent expérimentés.

Prenons l'exemple d'une organisation mutualiste qui s'occupe de nombreux dossiers chaque année. Certains d'entre eux sont traités automatiquement, mais d'autres (notamment les dossiers à risque) sont pris en charge par un personnel expérimenté. L'organisation mutualiste considère qu'il faut 2 à 3 années pour que ce personnel acquière de l'expérience. En toute logique, plus le personnel est expérimenté, plus le nombre de dossiers sensibles est élevé et, plus le personnel prend en charge des dossiers sensibles, plus il devient expérimenté et plus le coût unitaire d'un dossier sensible est faible.

Ainsi, à partir de la courbe d'expérience représentée par une exponentielle négative simple, nous pouvons déduire le coût unitaire d'un dossier (voir Figure 4.22) :

$$C_t = C_0 \left(\frac{P_t}{P_0} \right)^{-a}$$

- C_0, C_t = coût unitaire (après correction inflationniste) aux temps respectifs 0 et t ;
- P_0, P_t = volume de production accumulé aux temps respectifs 0 et t ;
- a = constant.

Par exemple, pour une courbe d'expérience de 85 %, nous avons :

$$\frac{C_t}{C_0} = 0{,}85 \; pour \; \frac{P_t}{P_0} = 2$$

$$\frac{C_t}{C_0} = \left(\frac{P_t}{P_0} \right)^{-a} \rightarrow a = \frac{\ln \dfrac{C_t}{C_0}}{\ln \dfrac{P_t}{P_0}} = 0{,}234$$

Le cas d'une mutuelle est traité en annexe C.

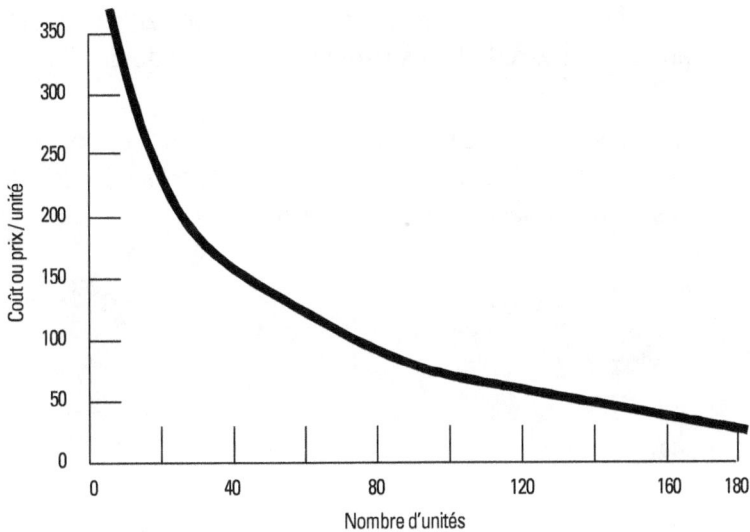

Figure 4.22
Relation, sur une échelle linéaire,
entre «le coût ou le prix unitaire» et le volume

La méthode ABC/ABM présentée ici est une première approche des travaux que nous avons industrialisés – *via* la méthode Cost Savings supportée par le logiciel ProcessMap de CIMPA (Groupe AIRBUS) – pour plusieurs sociétés telles que Adecco. Voici ce qu'en dit Martin Brockett, chef de projet à l'international chez Adecco :

«Adecco est le leader mondial du travail temporaire. En tant que tels, nous devons continuellement proposer à nos clients des services optimaux. En 2001, Adecco a mis en place une équipe projet afin d'identifier comment nous pourrions proposer à nos clients nos "meilleures pratiques" en tant que nouveau service. Nous souhaitions essentiellement développer un service basé sur le *reengineering* des processus "ressources humaines" et identifier le coût des changements.

«La méthode Activity Based Costing nous a permis d'analyser les coûts associés aux activités des processus RH. Nous avons ainsi développé le logiciel ProcessMap / Adjust, en partenariat avec les auteurs de l'ouvrage, afin d'aider nos consultants internes dans leur approche. Cette dernière se fonde sur les sept piliers d'identification de gains potentiels suivants : planifier et organiser les équipes, gérer les fournisseurs de façon optimale, minimiser le temps passé par nos clients sur ces processus RH, minimiser le turnover, maximiser la productivité, réduire l'absentéisme, réduire les risques en matière de droit, de santé et de sécurité.

«En 2002, l'utilisation de cette méthode et du logiciel ProcessMap/ Adjust nous a permis d'économiser 8 millions d'euros pour 21 clients dans 4 pays, et nous développons actuellement ce service de manière plus globale.»

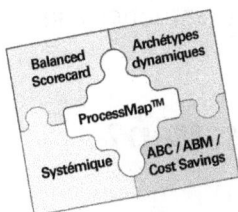

Chapitre 5

Un levier de performance méthodologique : ProcessMap™

Pour éviter de mourir de myopie et de rigidité,
l'organisation doit être rentable durablement.
Pour être rentable durablement dans un marché
en évolution permanente, l'organisation doit être
proactive afin de parer à un décrochage de l'offre.
Pour être proactive, l'organisation doit posséder
deux qualités fondamentales : la vigilance et l'agilité.

- La vigilance, c'est-à-dire l'empathie vis-à-vis
  des actionnaires et investisseurs, des clients,
  du personnel, de la communauté, notamment grâce
  aux informations contenues dans la Balanced
  Scorecard, à leur interprétation à l'aide d'archétypes
  dynamiques et à leur évaluation avec la méthode ABC/
  ABM.

- L'agilité, c'est-à-dire la capacité d'une organisation
  à réinventer son offre grâce à la systémique.

La méthodologie ProcessMap™, présentée
dans ce chapitre, permet de répondre à ces deux qualités
fondamentales.

Pourquoi la méthodologie ProcessMap?

Si vous présentez la Balanced Scorecard à un manager pour la première fois, il trouvera l'approche intéressante tout en vous faisant remarquer qu'il la pratique depuis longtemps. Ensuite, il vous demandera si cette nouvelle méthode nord-américaine l'aidera à «vendre plus où à prendre de meilleures décisions». La question est provocatrice mais… justifiée!

En revanche, si vous lui présentez la Balanced Scorecard associée à la systémique et aux archétypes dynamiques (en évitant cependant d'utiliser ces termes techniques lors du premier entretien), vous éveillez curiosité et intérêt. Espérons qu'il en sera de même avec ce dernier chapitre, où nous abordons la méthodologie ProcessMap.

Qu'est-ce que ProcessMap?

La méthodologie ProcessMap, développée par CIMPA (Groupe AIRBUS), correspond à l'intégration, selon un cycle de vie, des différents leviers de performance présentés dans l'ouvrage.

Applications de ProcessMap

Doit-on choisir entre l'approche statique, illustrée par les processus et la Balanced Scorecard telle que proposée par ses concepteurs R. Kaplan et D. Norton, et l'approche dynamique, illustrée par les boucles causales de Jay Forrester?

L'approche statique et ses instances − l'approche processus et la Balanced Scorecard de Kaplan et Norton − sont simples et faciles à mettre en œuvre, ce qui en fait d'ailleurs leur succès. Cette approche est cependant inadaptée au pilotage des objectifs opérationnels quotidiens.

L'approche dynamique, construite à partir de boucles causales, n'est pas simple à mettre en œuvre. Cependant, contrairement à l'approche statique et à sa pensée linéaire, elle facilite la déclinaison de la stratégie en objectifs opérationnels.

Alors, approche statique ou approche dynamique de la performance?

Afin que vous puissiez vous faire votre idée, nous vous présentons les deux démarches en prenant pour exemple un concessionnaire automobile imaginaire, Starcar — toute ressemblance avec un organisme existant étant totalement fortuite.

Approche statique de la performance

L'approche statique de la performance d'une organisation, illustrée à la Figure 5.1, met en œuvre la pensée linéaire.

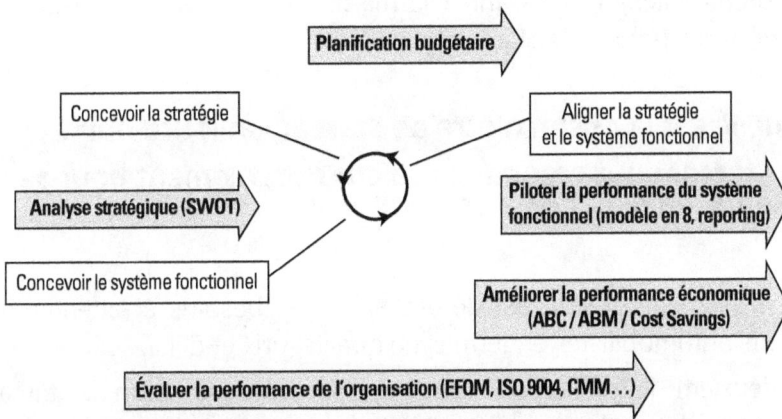

Figure 5.1
Cycle de vie de l'approche statique de la performance

Nous vous proposons de développer la boucle composée des trois processus suivants :

- concevoir la stratégie;
- concevoir le système fonctionnel;
- aligner la stratégie et le système fonctionnel.

Concevoir la stratégie

Lorsqu'on utilise la pensée linéaire, la stratégie est formalisée à l'aide d'une Balanced Scorecard qui, nous l'avons déjà vu, est composée d'une carte stratégique, d'un tableau de performances et d'un plan d'actions.

Le processus de conception d'une BSC correspond à l'enchaînement des activités suivantes :

- Clarifier la mission de Starcar.
- Définir la vision du manager de Starcar.
- Identifier les valeurs structurelles de Starcar.
- Concevoir la carte stratégique et le tableau de performances :

  1. Concevoir la dimension résultats.
  2. Concevoir la dimension leviers.

- Identifier le plan d'action(s).
- ...

En premier lieu, il faut clarifier la mission de Starcar, c'est-à-dire les finalités, les projets de Starcar.

> **Quelle est la raison d'être de Starcar «aujourd'hui»?**
>
> **Si Starcar veut créer de la valeur durablement pour ses clients, en quoi consiste sa mission?**

La mission de Starcar est de «satisfaire les besoins et attentes des clients automobilistes en termes de qualité, prix et délai».

En deuxième lieu, il faut que le manager définisse sa vision de Starcar : cela consiste à indiquer la destination d'un voyage qui durera plusieurs années (3, 4, 5 ans).

> **Quelle est la vision du manager de Starcar?**
>
> **Que sera Starcar dans 3 ans, dans 4 ans, dans 5 ans?**

La vision du manager de Starcar à un horizon de 3 ans regroupe les objectifs stratégiques suivants :

- une rentabilité conforme aux objectifs (profit > 15 %);
- une réussite commerciale durable (pénétration > 20 %);
- être parmi les 3 premiers concessionnaires de la marque Star en termes de qualité de service.

En troisième lieu, il faut définir les valeurs structurelles de Starcar. Les valeurs fondamentales ou facteurs de productivité de Starcar sont :

- la compétence et l'attitude du personnel;
- des infrastructures modernes et adaptées (atelier moderne, banc de test, EDI avec le constructeur de la marque).

En quatrième lieu, il faut concevoir la dimension résultats ciblés pour les financiers et les clients (voir Figures 5.2 à 5.5).

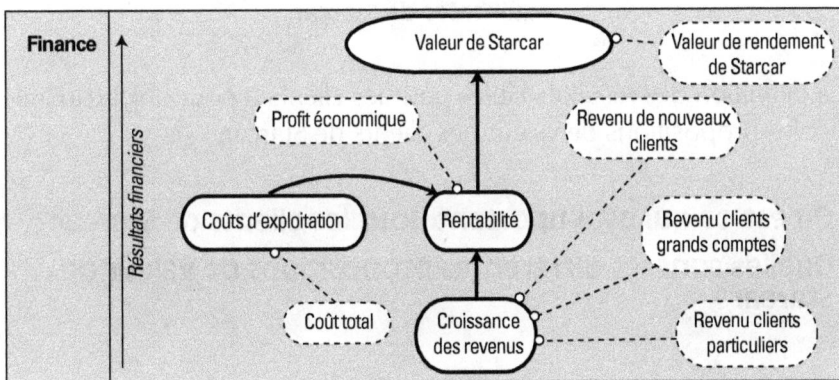

Figure 5.2
**La dimension finance de la carte stratégique de Starcar :
les objectifs et les mesures associées**

À chaque objectif identifié sont associées une ou plusieurs mesures, et à chaque mesure sont liées une ou plusieurs cibles, un délai pour atteindre la cible, d'éventuelle(s) action(s) permettant d'atteindre cette dernière dans les délais, et du budget alloué à la réalisation de ces actions.

Dimension	Objectifs	Mesures
	Notre succès auprès de nos actionnaires et investisseurs viendra de…	
Finance	Valeur de Starcar	Valeur de rendement
	Rentabilité	Profit économique
	Croissances des revenus	Revenu clients grands comptes
		Revenu clients particuliers
		Revenu nouveaux clients
	Coûts d'exploitation	Coût total

Figure 5.3
La dimension finance du tableau de performances équilibrées de Starcar

La définition des résultats ciblés pour les clients a pour objet d'identifier les propositions de valeur des clients de Starcar.

Qu'est-ce qui est important pour les clients de Starcar ?

Quelles sont les différentes propositions de valeur de Starcar ?

La dimension clients est formalisée à l'aide d'objectifs reliés à la dimension finance et parfois entre eux selon une chaîne causale.

Nous en profitons pour rappeler qu'un client satisfait en parle à trois personnes alors qu'un client insatisfait le fait savoir à onze personnes. Cela coûte donc moins cher de fidéliser un client pour de bonnes raisons que d'en attirer un nouveau. Un client satisfait devient un ambassadeur de l'organisation et par là même «un levier de conquête».

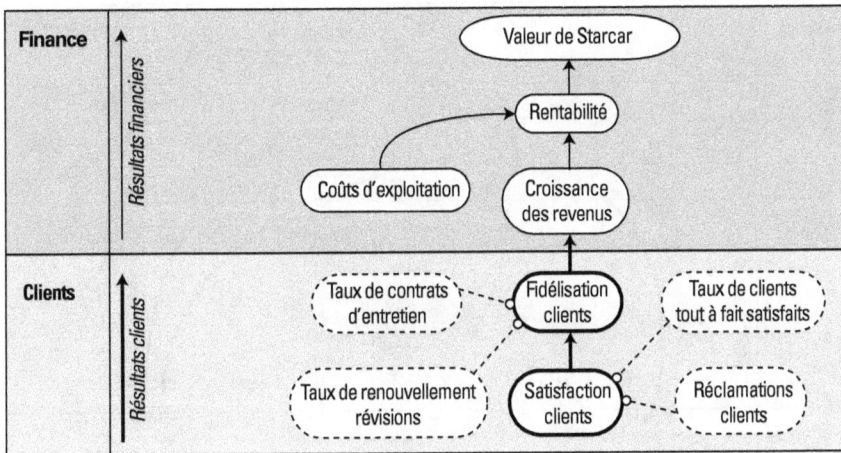

Figure 5.4
Les dimensions finance et clients de la carte stratégique de Starcar

Dimension	Objectifs	Mesures
Nous nous différencions auprès de nos clients par...		
Clients	Fidélisation clients	Taux de renouvellement révisions
		Taux de contrats d'entretien
	Satisfaction clients	Taux de clients «tout à fait satisfaits»
		Réclamation clients

Figure 5.5
La dimension clients du tableau de performances équilibrées de Starcar

En cinquième lieu, il faut concevoir la dimension leviers clés qui permettront d'atteindre les résultats ciblés en termes financiers et clients. (Voir Figures 5.6 à 5.9.)

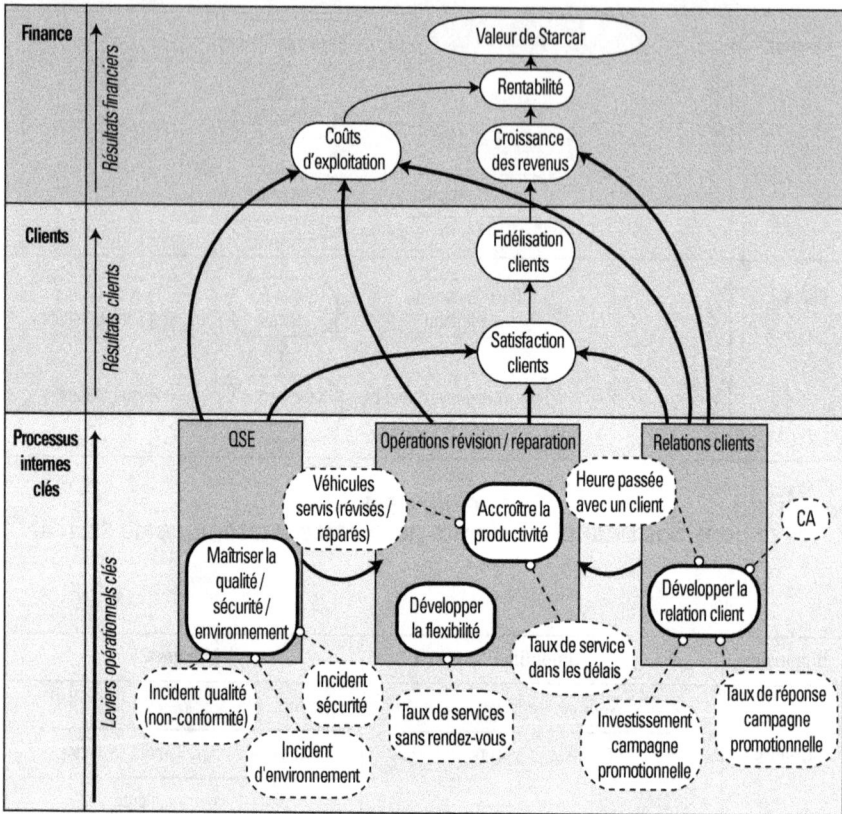

Figure 5.6
Les dimensions finance, clients et systèmes/processus métier
de la carte stratégique de Starcar

Dimension	Objectifs	Mesures
Pour satisfaire et fidéliser nos clients et actionnaires, nous devons exceller à...		
Processus internes clés	Maîtriser qualité/sécurité/environnement	Incident qualité (non-conformité)
		Incident sécurité
		Incident d'environnement
	Accroître la productivité	Véhicules servis (révisés / réparés)
		Taux de services dans les délais
		Taux de service sans rendez-vous
	Développer la relation client	Chiffre d'affaires (CA)
		Investissement campagne promotionnelle
		Taux de réponse campagne promotionnelle
		Heure passée avec un client

Figure 5.7
**Les dimensions systèmes/processus métier
du tableau de performances équilibrées**

Dimension	Objectifs	Mesures
Pour exceller dans nos processus, nous devons maîtriser nos équipements...		
Structure apprenante clé	Maîtriser les équipements	Taux de pannes équipements
	Développer le partenariat constructeur	Délai approvisionnement
		Qualité pièces de rechange
		État du stock rechanges
	Maintenir la motivation du personnel	Turnover personnel clé
		Taux d'absentéisme
		Taux du CA consacré à la formation

Figure 5.8
**La dimension structure apprenante clé du tableau
de performances équilibrées**

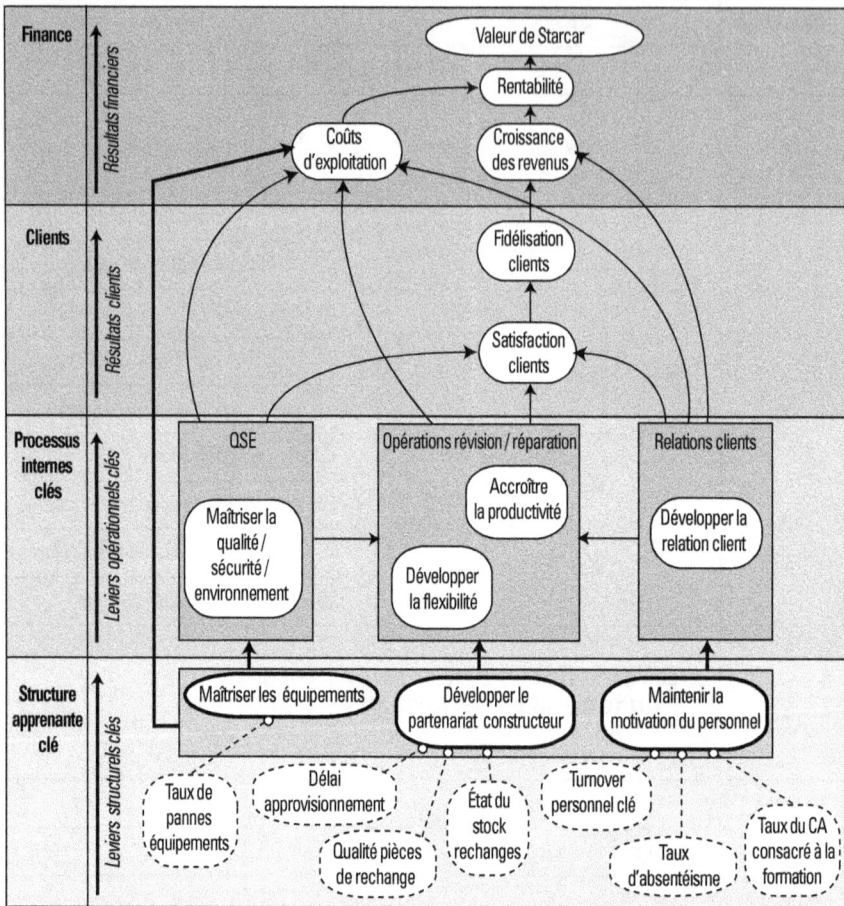

Figure 5.9
La carte stratégique de Starcar : un «itinéraire» stratégique possible

D'une part, on identifiera les leviers opérationnels de la dimension «systèmes/processus clés» : cela suppose, au préalable, de fixer le «cap» du voyage, c'est-à-dire la destination du manager de Starcar.

D'autre part, on identifiera les leviers structurels clés de Starcar. Il s'agit des facteurs qui déterminent la productivité, par exemple :

- la maîtrise des équipements ;
- le développement du partenariat avec le constructeur des véhicules de la marque Star ;
- le maintien de la motivation du personnel.

En sixième lieu, il faut identifier le plan d'actions en complétant le tableau de performances équilibrées en termes, par exemple, d'action(s) à mener, de délai de réalisation de chaque action, de budget estimé par action, etc. (Voir figure 5.10.)

Dimension	Objectif	Mesure(s)	Unité	Cible	Délai	Action(s)	Budget
Finance	Valeur de Starcar	Valeur de rendement	%	20 %	3 ans		
	Rentabilité	Profit économique	€	+15 %	2 ans		
	Croissances des revenus	Revenu clients grands comptes	€	+15 %	3 ans	Publicité	X K€
		Revenu clients particuliers	€	+10 %	1 an		
		Revenu nouveaux clients	€	+20 %	2 ans	Promotion	X K€
	Coûts d'exploitation	Coût total	€	- 15 %	2 ans	Projet ABM	X K €
Clients	Fidélisation clients	Taux de renouvellement révisions	%	+15 %	2 ans		
		Taux de contrats d'entretien	%	+12 %	2 ans		
	Satisfaction clients	Taux de clients tout à fait satisfaits	%	95 %	2 ans		
		Réclamations clients	#	- 10 %	1 an	Audits QSE	/
Processus internes clés	Maîtriser la qualité/ sécurité/ environnement	Incident qualité (non-conformité)	#	- 12 %	1 an		
		Incident sécurité	#	0	1 an	Formation sécurité	X K€
		Incident d'environnement	#	0	2 ans	ISO 14001	X K€
	Accroître la productivité	Véhicules servis (révisés/ réparés)	#	+15 %	1 an		
		Taux de services dans les délais	%	90 %	1 an		
		Taux de services sans rendez-vous	%	30 %	1 an		
	Développer la relation client	Chiffre d'affaires (CA)	€	+20 %	1 an		
		Investissement campagne promo.	€	% CA	2 ans		
		Taux de réponse campagne promo.	%	+20 %	2 ans		
		Heure passée avec un client	Heure	+15 %	2 ans		

.../...

Structure apprenante clé	Maîtriser les équipements	Taux de pannes équipements	%	- 15 %	1 an	Mainte-nance	X K €
	Développer le partenariat constructeur	Délai approvisionnement	Jour	X jours	1 an		
		Qualité pièces de rechange	Point	+20	1 an		
		État du stock rechanges	Jour	X jours	1 an		
	Maintenir la motivation du personnel	Turnover personnel clé	%	- 15 %	2 ans		
		Taux d'absentéisme	%	- 20 %	1 an	Prime	X K €
		Taux du CA consacré à la formation	%	+15 %	2 ans		

Figure 5.10
Tableau de bord des performances équilibrées (BSC) de Starcar

Concevoir le système fonctionnel

La Figure 5.11 illustre la façon dont peut être représentée l'organisation de Starcar selon la pensée linéaire.

Le système fonctionnel de révision/réparation de véhicules de la marque Starcar regroupe, comme le montre la Figure 5.11, des éléments appartenant aux processus internes clés (la chaîne de valeur) et aux support et management clés.

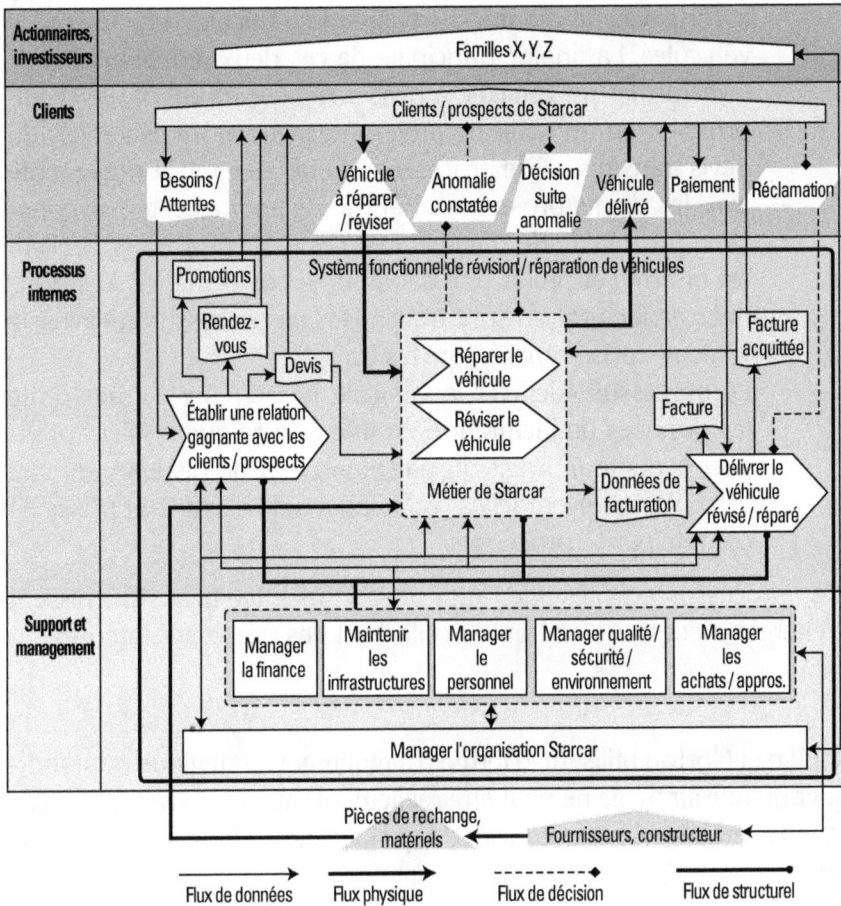

Figure 5.11
Diagramme fonctionnel de Starcar

Les frontières du système sont parfaitement définies : ce sont les actionnaires et investisseurs, les clients et prospects de Starcar ainsi que les fournisseurs et le constructeur.

Le déroulement dans le temps des processus internes illustre la pensée linaire :

- Le processus «établir une relation gagnante avec les clients/ prospects» inclut des actions de promotions. La finalité principale de ce processus est de transformer les besoins/attentes des clients et prospects en rendez-vous et devis.

- Le cœur de métier du système est assuré par deux processus à forte valeur ajoutée : «réparer le véhicule» et «réviser le véhicule». La finalité principale de ces deux processus est de transformer un véhicule à réviser/réparer fourni par le client/prospect en un véhicule prêt, en respectant les exigences du devis transmis par le processus «établir une relation gagnante avec les clients/prospects». Pour toute anomalie (grave) constatée pendant le déroulement de ces deux processus, le client est informé et prend une décision en conséquence. Les données de facturation sont transmises au processus «délivrer le véhicule révisé/réparé», qui les traite.
- Le processus «délivrer le véhicule révisé/réparé» transforme les données de facturation en une facture que le client/prospect acquitte (il s'agit du paiement) afin de disposer de son véhicule. Les éventuelles réclamations du client sont prises en compte par ce processus.

Les processus/activités de support et management fournissent «l'énergie» nécessaire au bon déroulement des processus internes.

Aligner la stratégie et le système fonctionnel

Kaplan et Norton utilisent le terme d'alignement stratégique pour indiquer qu'une stratégie ne peut être réellement mise en œuvre que si elle est en symbiose avec l'organisation qui la porte. L'alignement suppose donc :

- La déclinaison des objectifs stratégiques par rapport aux éléments (systèmes/processus/activité) de l'organisation, comme illustré à la Figure 5.12. Chacun, au regard de ses responsabilités et compétences, doit définir en quoi il contribue à la performance collective.
- Une définition claire des incitations traditionnelles en matière de gestion des ressources humaines (primes, bonus, avancement de carrière), qui doit être gérée au regard de l'atteinte des objectifs.
- L'intégration des initiatives managériales ici et là (démarche QSHE, *reengineering* des processus, chantier de réduction des coûts fixes et variables…).

Nous noterons que les éléments qui portent les objectifs stratégiques sont considérés comme les éléments clés du système (systèmes / processus clés, et support et management clés).

La Figure 5.12 montre l'alignement de la mesure «heure passée avec un client» associée à l'objectif «développer la relation client» sur les éléments clés du système.

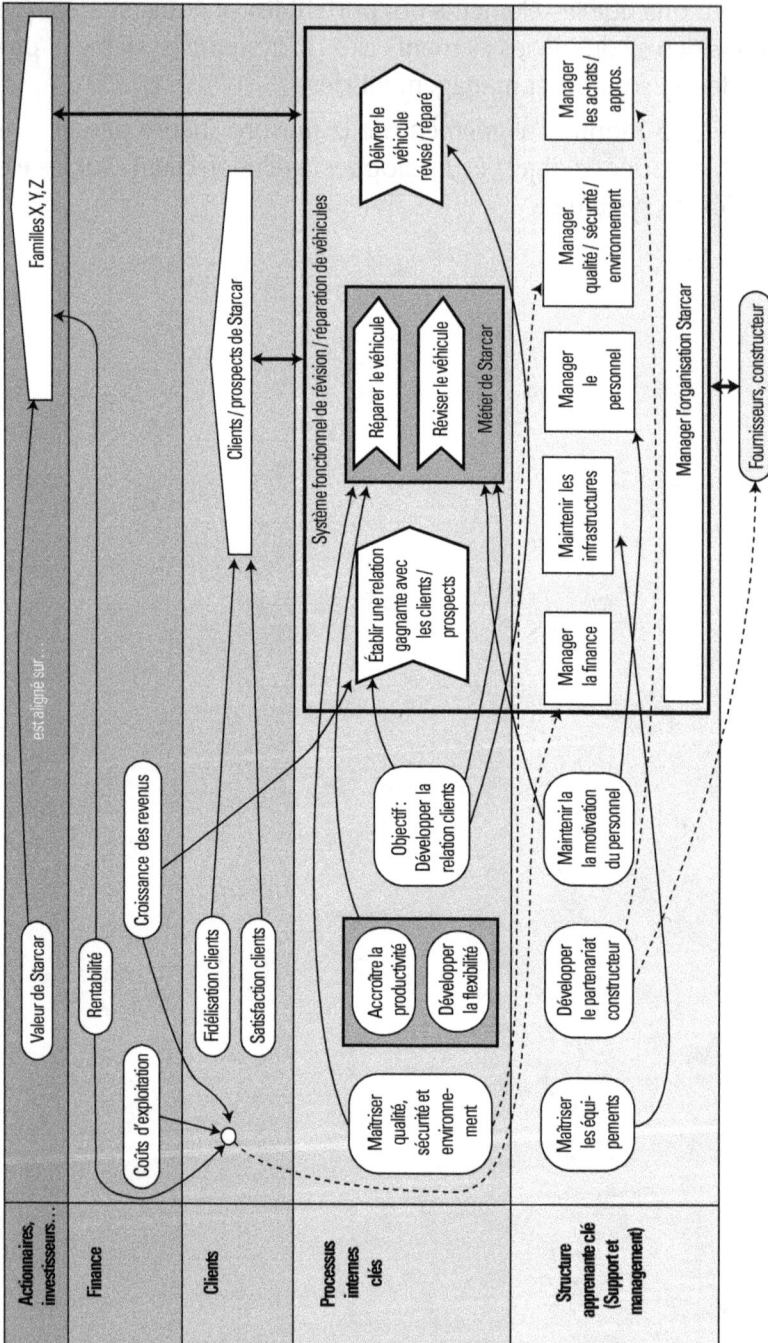

Figure 5.12
Alignement de la stratégie et du système fonctionnel de Starcar

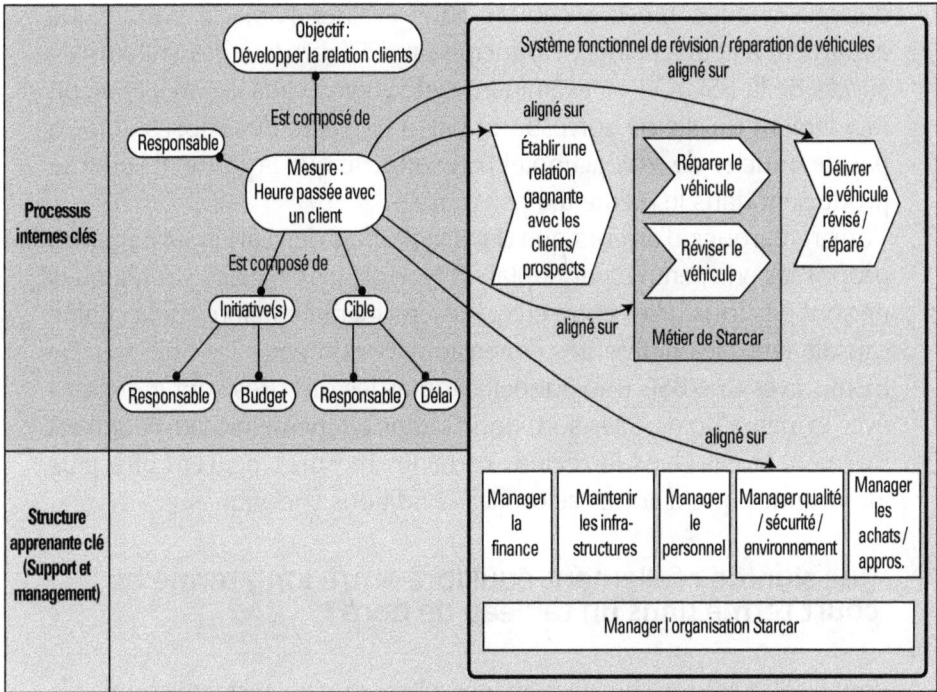

Figure 5.13
Alignement des informations associées à une mesure

Approche dynamique de la performance

La pensée linéaire suppose que nous vivons dans un «monde continu» dans lequel un problème mène à une action qui conduit à un résultat.

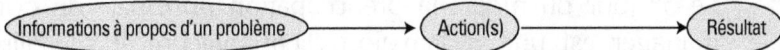

L'inconvénient majeur de cette approche est de supposer que le résultat lui-même n'a ou n'aura aucun autre effet sur le problème initial.

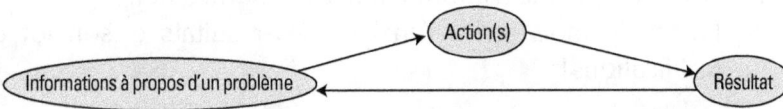

Pour Kaplan et Norton, la notion de chaîne causale est fondamentale puisque chaque mesure choisie pour évaluer l'objectif stratégique appartient à cette chaîne. Ce principe est d'ailleurs l'un des facteurs de succès de la BSC. Or, en examinant cette chaîne causale, on s'aperçoit rapidement qu'elle ne correspond pas à la réalité des choses. Il n'y a pas de boucles de rétroaction et l'on suppose que la cause et l'effet se produisent dans le même temps.

Vous remarquez d'ailleurs que dans la plupart des cartes stratégiques proposées en exemple par Kaplan et Norton, les objectifs stratégiques ne sont pas tous reliés entre eux : les liens identifient souvent la chaîne causale entre les différentes dimensions et non entre les objectifs. De même, avec une BSC traditionnelle, toutes les mesures sont indiquées avec le même poids. Elles sont donc toutes au même niveau, ce qui est rarement le cas dans la réalité : certaines mesures peuvent être plus importantes que d'autres selon des conditions spécifiques.

Que signifie réellement équilibre entre long terme et court terme dans un tableau de bord ?

Pour piloter aujourd'hui, le manager a besoin d'un système souple : le pilotage opérationnel d'une organisation s'effectue bien souvent à court terme et de manière dynamique, en fonction des préoccupations du manager de l'organisation. Celles-ci varient dans le mois, le trimestre, comme le montre l'exemple ci-après.

- Le 1er jour du mois : la préoccupation principale du manager est l'entrée commande. Il surveillera essentiellement les indicateurs d'entrées commandes, le nombre d'offres, le nombre d'offres «chaudes».
- Le 5e jour du mois : la préoccupation principale de notre manager est une réclamation client majeure. Il surveillera essentiellement le traitement de cette réclamation.
- Le 12e jour du mois, les préoccupations principales de notre manager sont l'arrivée sur le marché d'un nouveau concurrent, l'arrêt de travail du responsable des ventes, les pannes successives du système d'information. Une journée noire !
- En fin de mois arrive l'analyse des résultats et son lot de justifications !

Puisqu'un environnement dynamique exige un pilotage dynamique de la performance, nous vous proposons la solution illustrée à la Figure 5.14, où nous développons les processus suivants :

- concevoir la carte stratégique ;
- concevoir le système dynamique ;
- concevoir la Dynamic Balanced Scorecard (DBSC) ;
- assurer la symétrie économique ;
- piloter la performance du système dynamique.

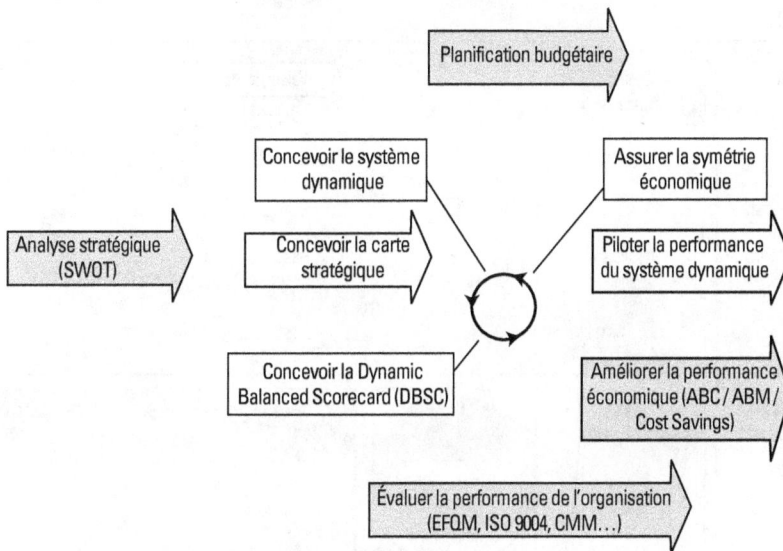

Figure 5.14
Approche dynamique de la performance d'une organisation

Concevoir la carte stratégique

La conception d'une carte stratégique s'effectue à partir de la mission, de la vision et des valeurs de l'organisation, selon un processus désormais familier. La carte stratégique est un outil simple, lisible, puissant en communication. Le résultat est illustré à la Figure 5.15.

- La mission de Starcar aujourd'hui consiste à satisfaire les besoins et attentes des clients automobilistes en termes de qualité, prix et délai.

- À un horizon de 3 ans, le manager de Starcar vise :

— une rentabilité conforme aux objectifs (profit > 15 %);
— une réussite commerciale durable (pénétration > 20 %);
— une place parmi les 3 premiers concessionnaires de la marque Star en termes de qualité de service.

- Les valeurs fondamentales de Starcar sont les suivantes :
  — compétence et attitude du personnel;
  — infrastructures modernes et adaptées (atelier, banc de test, EDI avec le constructeur de la marque Star…);
  — relations avec le constructeur.

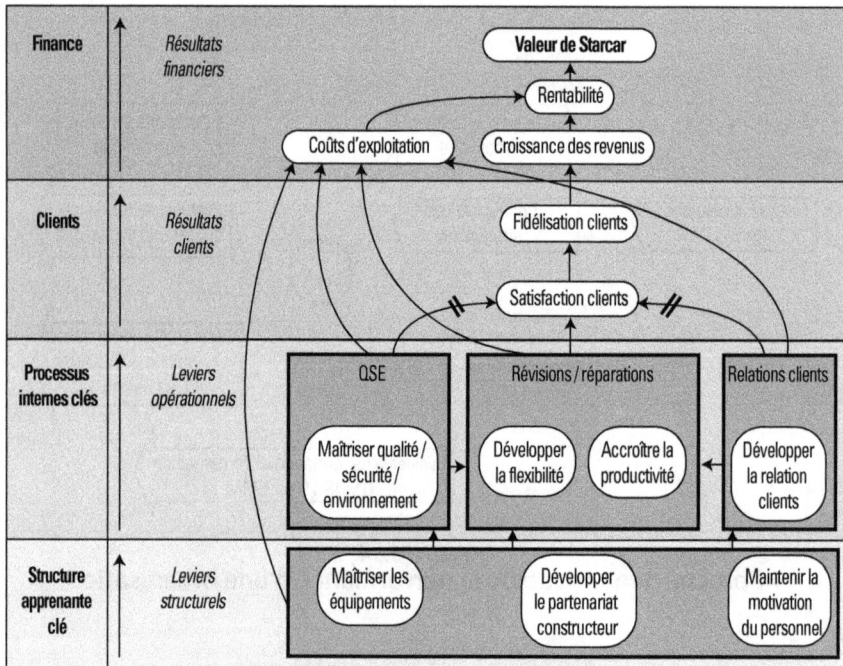

Figure 5.15
La carte stratégique de Starcar : un «itinéraire» stratégique qui doit être communiqué à l'ensemble du personnel

Contrairement à l'approche statique précédente, le tableau de performances équilibrées et le plan d'actions ne sont pas construits à partir de la carte stratégique mais à partir de la dynamique du système.

Avec l'approche dynamique de la performance, la finalité de la carte stratégique est uniquement la communication, à l'ensemble du personnel, de la route que doit suivre l'organisation pour atteindre la destination (la vision).

Concevoir le système dynamique

La représentation de l'organisation Starcar sous la forme d'un système dynamique doit permettre de décliner les objectifs stratégiques en objectifs opérationnels, de diagnostiquer et prédire des difficultés potentielles grâce aux archétypes, et de construire une Dynamic Balanced Scorecard (DBSC) assurant le pilotage des interfaces.

Nous vous proposons d'illustrer trois scénarios permettant de décliner les objectifs stratégiques du manager de Starcar à un horizon de 3 ans, en objectifs opérationnels quotidiens :

- offre et demande ;
- offre attractive ;
- coûts et profit.

Nous faisons l'hypothèse que le marché de Starcar est parfaitement concurrentiel : les services proposés (réparation et révision de véhicules) à la vente sont identiques, et les clients potentiels et vendeurs sont si nombreux qu'aucun n'est en mesure d'influer sur le prix de marché.

La boucle de renforcement R1 ci-dessous illustre le *scénario de l'offre et de la demande* imaginé par le manager de Starcar pour atteindre l'un des objectifs stratégiques à un horizon de 3 ans : une réussite commerciale durable avec une pénétration supérieure à 20 %.

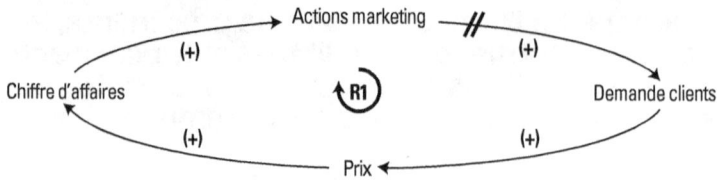

Figure 5.16
Modèle dynamique de Starcar (vue partielle)

Hypothèses opérationnelles de la boucle de renforcement (ou d'ampli-fication) R1 : sachant qu'une hypothèse est une «proposition résultant d'une observation et que l'on soumet au contrôle de l'expérience»[1] :

- Une augmentation de la demande clients devrait avoir pour effet une augmentation du prix (de même, une diminution de la demande clients diminuera le prix). Les variables évoluent dans le même sens (+).
- Une augmentation du prix devrait avoir pour effet une augmentation du chiffre d'affaires. Les variables évoluent dans le même sens (+).
- Une augmentation du chiffre d'affaires devrait avoir pour effet une augmentation des actions marketing (campagnes publicitaires, portes ouvertes, etc.). Les variables évoluent dans le même sens (+).
- Une augmentation des actions marketing devrait avoir pour effet une augmentation de la demande clients après un certain délai (en supposant qu'aucun nouveau concessionnaire n'entre sur le marché, par exemple). Les variables évoluent dans le même sens (+).
- Une augmentation de la demande clients devrait avoir pour effet une augmentation du prix…

Principes économiques sous-jacents à la boucle R1 :

- Au prix d'équilibre (également appelé prix de satisfaction du marché), tout le monde est content : les clients ont acheté ce qu'ils voulaient acheter, les vendeurs ont vendu ce qu'ils voulaient vendre.

---

1. Définition tirée du dictionnaire Larousse-Bordas, 1998.

- Le prix étant fixé par le marché (demande clients), il s'agit d'une stratégie à long terme. Avec une stratégie à court terme, le prix est fixe.
- Le prix assure l'allocation des ressources.
- Lorsqu'on s'intéresse aux variations de l'offre et de la demande sur un marché, la variable importante à étudier est le chiffre d'affaires (cf. élasticité-prix de la demande).

D'après le manager de Starcar, les variables qui influencent la demande clients sont le prix, la qualité et le délai de réalisation. Il décide donc de mettre en place une offre attractive qui satisfasse le client en ces termes.

En ce qui concerne *l'offre attractive*, un processus de sa mise en œuvre est illustré par les boucles de régulation (ou d'équilibre) E2, E3, E4, E5 et E6. Pour le manager de Starcar, cette offre doit permettre d'atteindre les objectifs stratégiques à un horizon de 3 ans que sont : une réussite commerciale durable avec une pénétration supérieure à 20 %, et une place parmi les 3 premiers concessionnaires de la marque Star en termes de qualité de service.

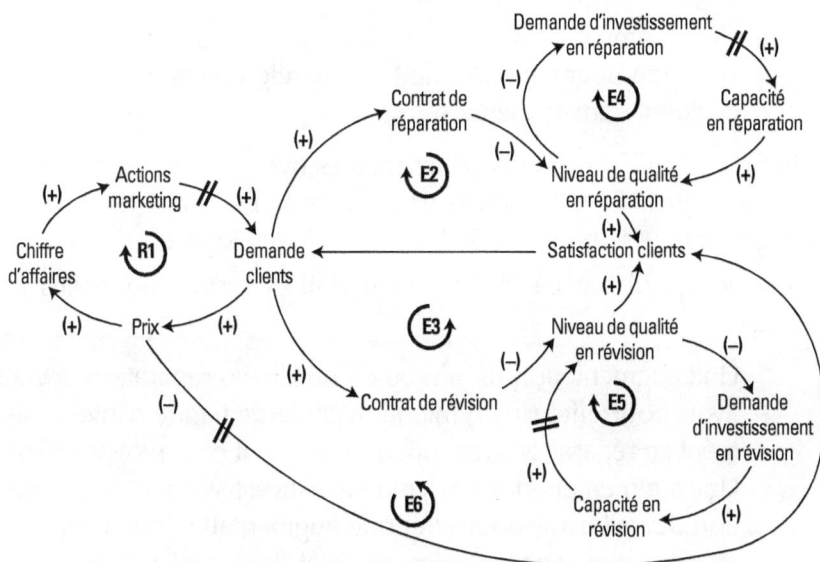

Figure 5.17
Modèle dynamique de Starcar (vue partielle)

La boucle d'équilibre E2 illustre les hypothèses opérationnelles ci-dessous :

- Une augmentation de la demande clients devrait avoir pour effet une augmentation du nombre de contrats de réparations (réparations forfaitaires concernant, par exemple, les amortisseurs). De même, une diminution de la demande clients entraînerait une diminution du nombre de contrats de réparations. Les variables évoluent dans le même sens (+).
- Une augmentation du nombre de contrats de réparations devrait avoir pour effet, à capacité constante, une diminution du niveau de qualité en réparation (en raison d'un stress plus important, des contraintes horaires, etc.). De même, une diminution du nombre de contrats de réparations augmenterait le niveau de qualité en réparation. Les variables évoluent en sens opposé (–).
- Une diminution du niveau de qualité devrait avoir pour effet (à capacité constante) une diminution de la satisfaction clients. De même, une augmentation du niveau de qualité en réparation devrait entraîner une augmentation de la satisfaction clients. Les variables évoluent dans le même sens (+).
- Une augmentation de la satisfaction clients devrait avoir pour effet une augmentation de la demande clients. Les variables évoluent dans le même sens (+).

La boucle d'équilibre E3 indique les mêmes hypothèses opérationnelles que la boucle E2 (pour le cas d'une révision forfaitaire telle qu'une vidange, une révision des 5 000 Kms, des 15 000 Kms, etc.).

La boucle d'équilibre E4 illustre les hypothèses opérationnelles ci-dessous :

- Une augmentation du niveau de qualité en réparation devrait avoir pour effet une diminution de la demande d'investissement en réparation. Les variables évoluent en sens opposé (–).
- Une augmentation de la demande d'investissement en réparation devrait avoir pour effet une augmentation de la capacité en réparation. Les variables évoluent dans le même sens (+).
- Une augmentation de la capacité en réparation devrait avoir pour effet une augmentation du niveau de qualité en réparation. Les variables évoluent dans le même sens (+).

La boucle d'équilibre E5 indique les mêmes hypothèses opérationnelles que la boucle E4 (mais pour le cas d'une révision).

La boucle de régulation E6 illustre les hypothèses opérationnelles ci-dessous :

- Une augmentation du prix devrait avoir pour effet une diminution de la satisfaction clients. Les variables évoluent en sens opposé (–).
- Une diminution de la satisfaction clients (en termes de prix) devrait avoir pour effet, après un certain délai, une diminution de la demande clients, toutes choses étant égales par ailleurs.
- Une diminution de la demande clients devrait avoir pour effet une diminution du prix.

Pour les clients de Starcar, l'importance du prix est-elle plus grande ou moins grande que celle de la qualité de service? Ou lui est-elle égale?

Principes économiques sous-jacents aux boucles E2, E3, E4, E5, E6 :

- La qualité de la réparation et/ou de la révision suppose une productivité maîtrisée.
- La productivité est fonction du capital physique par travailleur (les équipements par travailleur par exemple), du capital humain par travailleur (nombre de spécialistes de moteurs HDI), des ressources naturelles par travailleur, etc. Ainsi, les techniciens de Starcar seront d'autant plus efficaces dans leurs tâches (respect des délais, par exemple) qu'ils disposeront de nombreux équipements adaptés, d'une part, et qu'ils seront compétents, d'autre part.
- On peut de ce fait accroître la productivité future (nombre de révisions et réparations par jour) en consacrant davantage de ressources au capital humain (apprentissage permanent).

Enfin, concernant *les coûts et profits*, les boucles de régulation (ou d'équilibre) E7, E8, E9 et E10 présentent le processus imaginé par le manager de Starcar pour atteindre l'un des objectifs stratégiques à un horizon de 3 ans : une rentabilité conforme aux objectifs (profit > 15 %).

La boucle d'équilibre E8 illustre les hypothèses opérationnelles ci-dessous :

- Une augmentation du prix devrait avoir pour effet une augmentation du profit économique. De même, une diminution du prix devrait entraîner une diminution du profit économique. Les variables évoluent dans le même sens (+).
- Une augmentation du profit économique devrait avoir pour effet de satisfaire la demande d'investissement en révision. Les variables évoluent dans le même sens (+).
- Une augmentation de la satisfaction de la demande d'investissement en révision devrait avoir pour effet une augmentation des coûts (coûts variables en révision). Les variables évoluent dans le même sens (+).
- Une augmentation des coûts (coûts variables en révision) devrait avoir pour effet une diminution du profit économique. Les variables évoluent en sens opposé (–).

La boucle d'équilibre E7 indique les mêmes hypothèses opérationnelles que la boucle E2 (pour le cas d'une réparation).

Les principes économiques sous-jacents aux boucles E7, E8 sont les suivants :

- Le profit est égal au chiffre d'affaires moins les coûts.
- Les coûts supportés par Starcar sont de deux sortes : les coûts fixes, indépendants de la quantité de révisions/réparations effectuées (loyer…) ; les coûts variables, qui varient en fonction de la quantité (rechanges, travailleurs supplémentaires).
- La corrélation entre investissement et taux de croissance, sans être parfaite, est très forte.

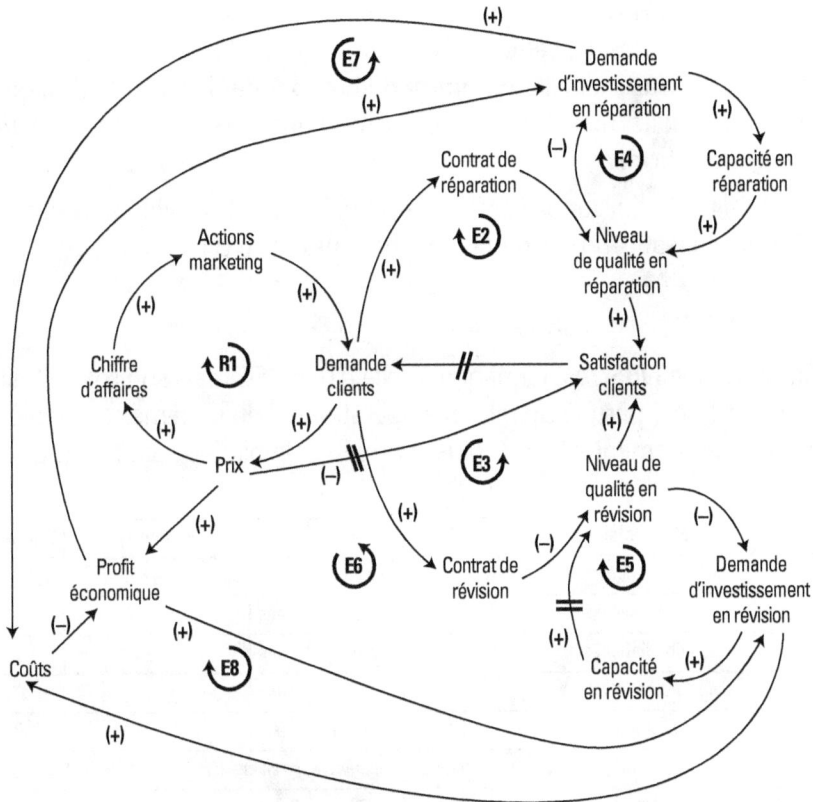

Figure 5.18
Modèle dynamique de Starcar (vue partielle)

La présentation d'un système sous forme de boucles causales reliant entre elles des variables opérationnelles permet d'avoir une organisation (le système dynamique) équilibrée, centrée sur la stratégie. Pour centrer la stratégie sur l'organisation, ProcessMap propose de traduire les objectifs stratégiques sous forme de scénarios simulables informatiquement, construits à partir de boucles causales. Par exemple :

- Les objectifs stratégiques visant «une réussite commerciale durable avec une pénétration supérieure à 20 %» et «une place parmi les 3 premiers concessionnaires de la marque Star en termes de qualité de service» ont été traduits à l'aide des scénarios «offre et demande» et «offre attractive».

- L'objectif stratégique visant «une rentabilité conforme aux objectifs (profit > 15 %)» a été traduit à l'aide du scénario «coûts et profit».

Si la conception d'une organisation selon la pensée dynamique n'est pas simple (au début), cette difficulté est largement compensée lorsque vous devez vous mettre aux commandes de l'organisation pour piloter au quotidien (la mission) tout en voyageant vers la destination du voyage (la vision).

Le pilotage de l'organisation en est effectivement facilité, notamment grâce à l'utilisation des archétypes dynamiques (voir Chapitre 3).

Concevoir la Dynamic Balanced Scorecard (DBSC)

L'image d'une DBSC est identique à celle d'une BSC mais son rôle est différent. La DBSC permet un pilotage opérationnel du système et des interfaces, contrairement à la BSC plus centrée sur le pilotage stratégique.

Mesure(s)	Unité	Cible	Délai	Action(s)	Budget
Finance : notre succès auprès de nos actionnaires et investisseurs viendra de…					
Profit économique	€	+15 %	3 ans		
Chiffre d'affaires	€	+20 %	2 ans		
Coûts des actions / CA	%	%	3 ans		
Coûts total	€	- 15 %	3 ans	ABC / ABM	K€
Clients : nous nous différencions auprès de nos clients par…					
Satisfaction clients (prix, délai, etc.)	Point	+20 p	2 ans		
Processus internes clés : pour nos clients et actionnaires, nous devons exceller dans…					
Demande clients	#	+10 %	1 an	Actions pub	K€
Actions marketing	€	% CA	1 an	Agence pub	K€
Contrats de réparations	€	+15 %	1 an		
Contrats de révisions	€	+20 %	2 ans		
Niveau de qualité en réparation (Q, C, D)	Point	+30 p	1 an	Formation	
Niveau de qualité en révision (Q, C, D)	Point	+20 p	1 an	Embauche spécialiste X	K€
Demande d'investissement en réparation	€	% € répara°	1 an	Achat équipement	
Demande d'investissement en révision	€	% € révis°	1 an	Embauche spécialiste X	
Structure apprenante clé : pour exceller dans nos processus internes, nous devons soutenir notre capacité de changement et d'apprentissage continu…					
Capacité en réparation	Point	+50 p	3 ans		
Capacité en révision	Point	+30 p	2 ans	Maintenance	

Figure 5.19
DBSC de Starcar

Le niveau de qualité en révision/réparation est fonction de la qualité de l'intervention (réclamations clients, non-conformité, tâches à refaire…), du coût de l'intervention (application de la méthode ABC) et du délai de l'intervention.

La capacité en révision/réparation concerne les divers facteurs déterminants que sont le capital structurel (ou physique), le capital humain, les ressources naturelles, le savoir technologique et le travail.

Assurer la symétrie économique

Cette dernière étape de l'approche dynamique de la performance des organisations est appelée «symétrie» et non «alignement». Pourquoi?

Nous avons noté que l'alignement suppose :

- la déclinaison des objectifs stratégiques à chaque niveau hiérarchique de l'organisation;
- une définition claire des incitations traditionnelles en matière de gestion des ressources humaines;
- l'intégration des initiatives managériales.

Avec la pensée dynamique, ces points sont abordés lors de la conception des différentes boucles causales qui composent le système. Par contre, il est nécessaire d'analyser l'asymétrie[1] d'information. En effet, dans la plupart des situations de la vie courante (et de la vie d'une organisation), l'information est asymétrique : l'une des parties prenantes de la transaction est plus au fait de la situation que l'autre partie. Ainsi :

- Les vendeurs de véhicules d'occasion connaissent les défauts des véhicules qu'ils vendent, pas les acheteurs.
- Les personnes qui prennent des contrat d'assurance maladies en connaissent plus sur leur état de santé que les assureurs.
- Les opérationnels en connaissent plus sur l'organisation (par exemple sur les valeurs cibles d'un objectif, la qualité réelle des produits) que les managers.

---

1. L'analyse d'asymétrie d'information est du domaine de l'analyse économique : consulter à ce sujet l'ouvrage de Gregory Mankiw (professeur d'économie à Harvard), *Principes de l'économie* (1998).

Cette dernière étape de l'application de l'approche dynamique a pour objet de rendre l'information symétrique dans l'organisation, tout en favorisant le passage d'une vision personnelle (celle du manager) à une vision collective (celle de tous les acteurs de l'organisation).

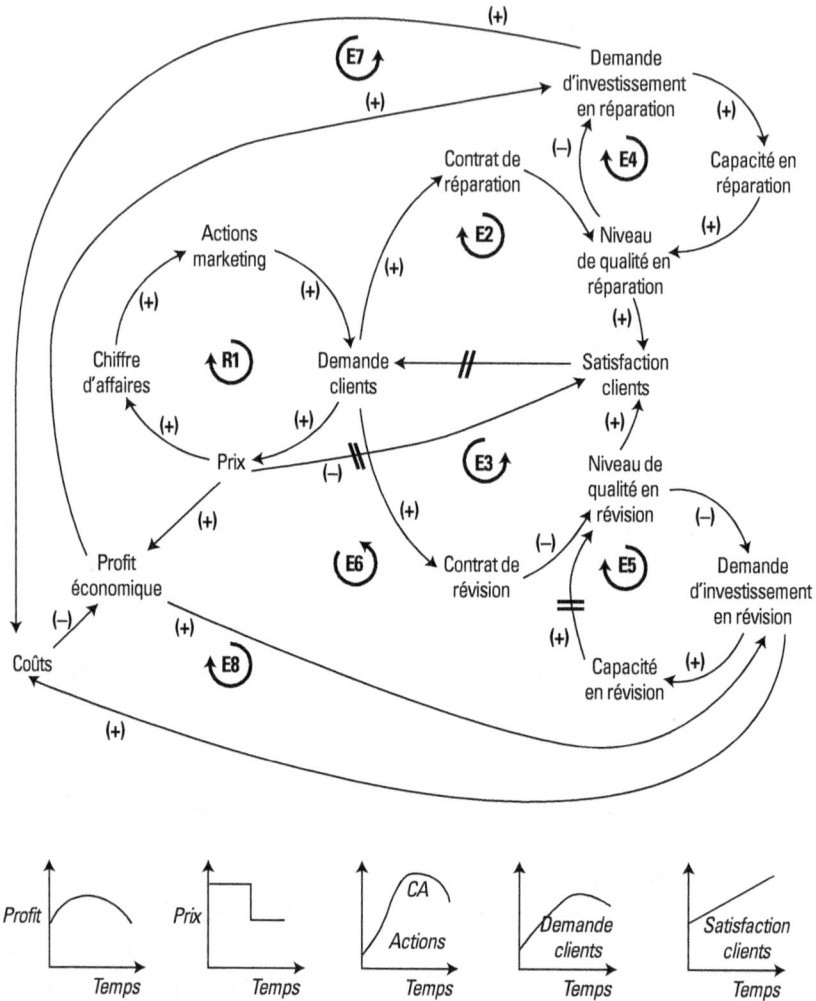

Figure 5.20
Système dynamique de Starcar : sa performance

Piloter la performance du système dynamique

Il faut maintenant vérifier les hypothèses opérationnelles grâce à la simulation informatique proposée par ProcessMap (Figure 5.20).

Au début de «l'histoire»…

- Le chiffre d'affaires (CA) croît avec un nombre d'actions marketing limitées (publicité réduite).
- La satisfaction clients en termes de prix, niveau de qualité en réparation et révision augmente continuellement dans le temps.
- La demande clients augmente, ce qui permet de proposer un prix fort accepté par le client.
- Le profit économique augmente, de même que l'investissement.

Mais cette situation ne dure pas : le chiffre d'affaires commence à stagner…

- Le responsable marketing, en concertation avec les responsables concernés par la nouvelle situation, décide, dans un premier temps, d'augmenter les actions marketing (publicités, portes ouvertes, etc.) afin de soutenir la demande clients, ce qui entraîne une augmentation des coûts (variables).
- Malgré les actions marketing engagées, la demande clients et le chiffre d'affaires diminuent, bien que la satisfaction clients augmente toujours.
- Le profit stagne puis diminue, conséquence des actions engagées.
- Le manager de Starcar en concertation avec les différents responsables décide alors de stimuler la demande en diminuant le prix, mais sans résultat sur la demande clients et le chiffre d'affaires.
- Le profit diminue (conséquence des actions et de la diminution de prix).

Le manager de Starcar et les différents responsables concernés (marketing, vente, qualité…) doivent identifier les causes d'un tel retournement de situation :

- Les objectifs fixés sont-ils réalistes ?
- Si non, pourquoi de tels objectifs ont-ils été acceptés *ab initio* ?

- Dans quelle situation se trouvent nos principaux concurrents?
- Y a-t-il une erreur d'appréciation du marché?
- La vision à long terme de la stratégie (prix fixé par la demande clients et structure apprenante clé) doit-elle être remplacée par une stratégie à court terme (prix fixe)?
- L'archétype de la croissance limitée du marché n'est-il en œuvre?
- Même si le niveau de satisfaction clients est bon, notre offre est-elle réellement attractive?

Conclusion

Doit-on nécessairement choisir entre la Balanced Scorecard et sa carte stratégique, application de la pensée linéaire, et la Dynamic Balanced Scorecard, illustration de la dynamique causale?

Le manager stratégique (membre du comité d'exécutif ou du comité de direction), en contact permanent avec les actionnaires et les managers opérationnels, doit prendre de la «hauteur pour voir plus loin». Il maîtrise et utilise la Balanced Scorecard telle que présentée au chapitre 1 pour définir, formaliser, communiquer et animer son pilotage stratégique. Sa vision est globale et à long-terme.

Le manager opérationnel (responsable des ventes, chef d'atelier...) est en contact permanent avec le manager stratégique et les opérateurs. Il maîtrise et utilise la Dynamic Balanced Scorecard et les boucles causales telles que présentés au chapitre 5, pour définir et formaliser les multiples interfaces, communiquer et suivre son pilotage opérationnel. Sa vision est locale et à moyen et court terme.

Annexe A

La Balanced Scorecard et les organisations à but non lucratif

La BSC peut également aider à améliorer la gestion des organisations sans but lucratif, y compris les syndicats. C'est ainsi qu'une agence intergouvernementale nord-américaine a créé un groupe de travail nommé PMAT (*Performance Measurement Action Team*, Groupe d'action sur la mesure de la performance). Ce groupe a pour mission d'évaluer le système des passations de marchés publics, de définir des approches novatrices pour en mesurer la performance et d'élaborer des stratégies et des recommandations visant à évaluer le bon fonctionnement des systèmes d'attribution des marchés au sein des agences gouvernementales. Sur la base de cette recherche, le groupe de travail a élaboré une BSC qui retient les quatre dimensions génériques proposées par Kaplan et Norton et en ajoute une cinquième. Celle-ci, intitulée *employee empowerment* (habilitation, implication des salariés), a pour objet de «mettre en lumière» le rôle que devraient jouer les fonctionnaires des agences gouvernementales dans une approche davantage tournée vers le client.

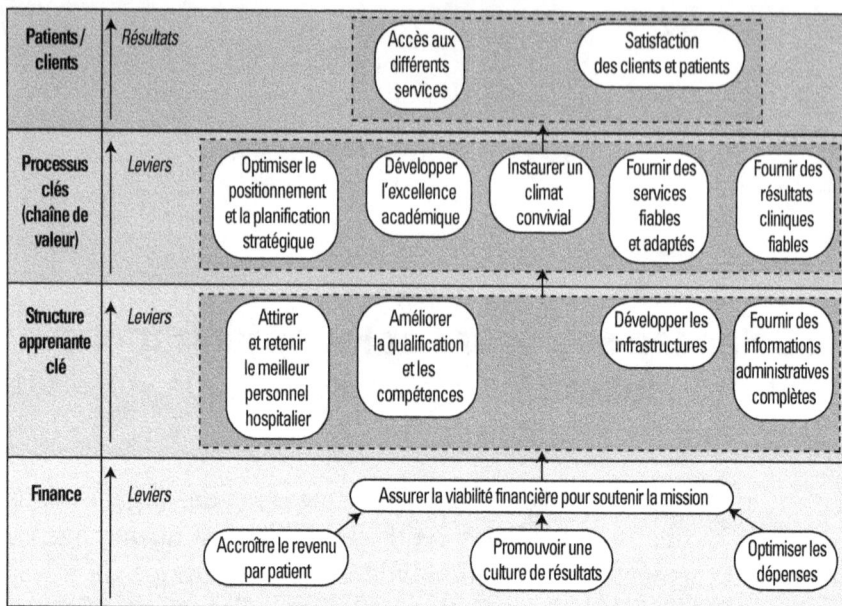

Figure A.1
La carte stratégique d'une organisation à but non lucratif

La Balanced Scorecard et le développement durable

De par l'idée fondamentale qui la sous-tend, à savoir l'équilibre, la BSC est tout à fait adaptée aux organismes qui souhaitent mettre en place le pilotage d'un développement durable. Nous rappellerons ici la définition qu'en donnait, en 1987, Mme Gro Harlem Bruntland (Commission mondiale pour l'environnement et le développement) :

«C'est un développement qui répond aux besoins du présent sans compromettre la capacité des générations futures de répondre aux leurs. Deux concepts sont inhérents à cette notion : le concept de "besoin", et plus particulièrement des besoins essentiels des plus démunis, à qui il convient d'accorder la plus grande priorité, et l'idée des limitations que l'état de nos techniques et de notre organisation sociale impose sur la capacité de l'environnement à répondre aux besoins actuels et à venir.»

Vous noterez que trois catégories d'indicateurs sont généralement utilisés pour rendre compte de la performance environnementale d'une organisation : indicateurs de performance opérationnelle (IPO), indicateurs de performance de management (IPM) et indicateurs de conditions environnementales (ICE)[1].

Les figures A.2 et A.3 décrivent deux stratégies différentes pour tendre vers un développement durable.

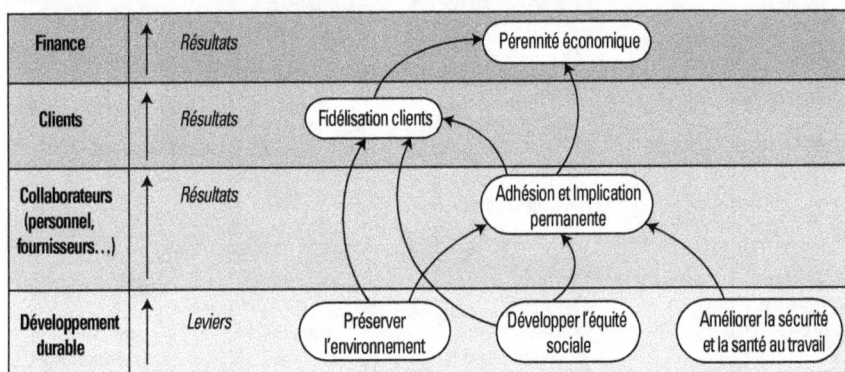

Figure A.2
Développement durable : une «route» possible...

---

1. Journal Officiel de l'Union européenne n° L 184, 2003.

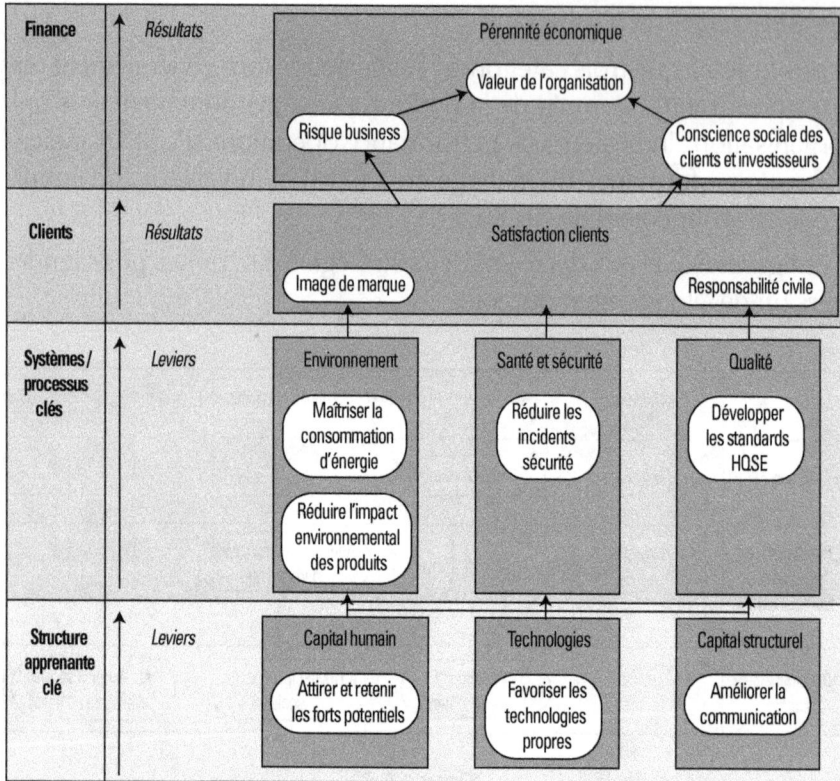

Figure A.3
Carte stratégique partielle d'un développement durable

La Balanced Scorecard et les organisations informatiques

Les figures A.4 et A.5 illustrent deux stratégies différentes visant à améliorer la valeur de l'entreprise pour les actionnaires, à partir d'une utilisation optimale des NTIC (Nouvelles Technologies de l'Information et de la Communication). Vous ne manquerez pas de noter que les objectifs inhérents aux résultats (parties intéressées, clients) sont libellés à l'aide de noms ou d'expressions, alors que ceux inhérents aux leviers (systèmes et processus clés, structure apprenante clé) sont identifiés à l'aide de verbes.

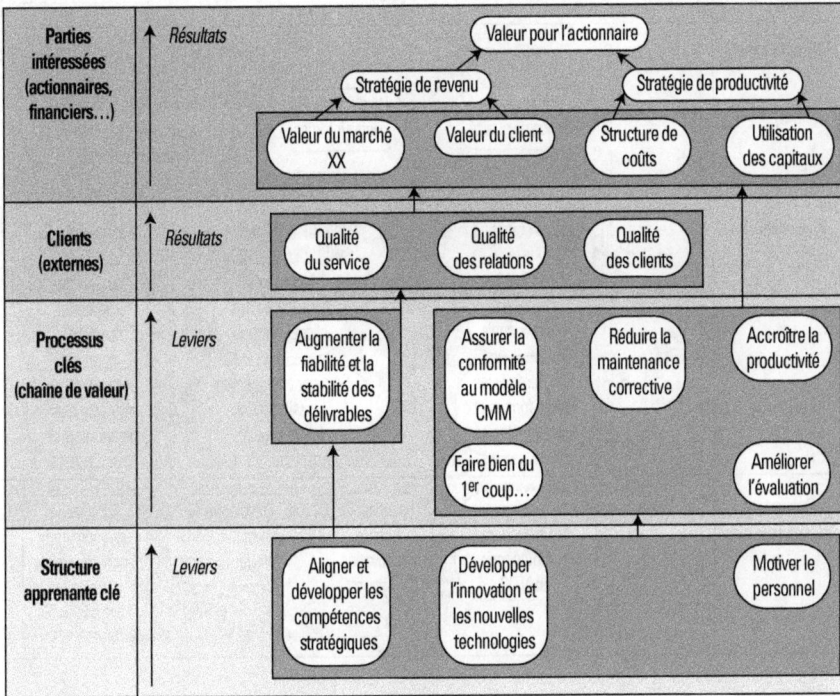

Version 1

Figure A.4
Carte stratégique d'une organisation informatique

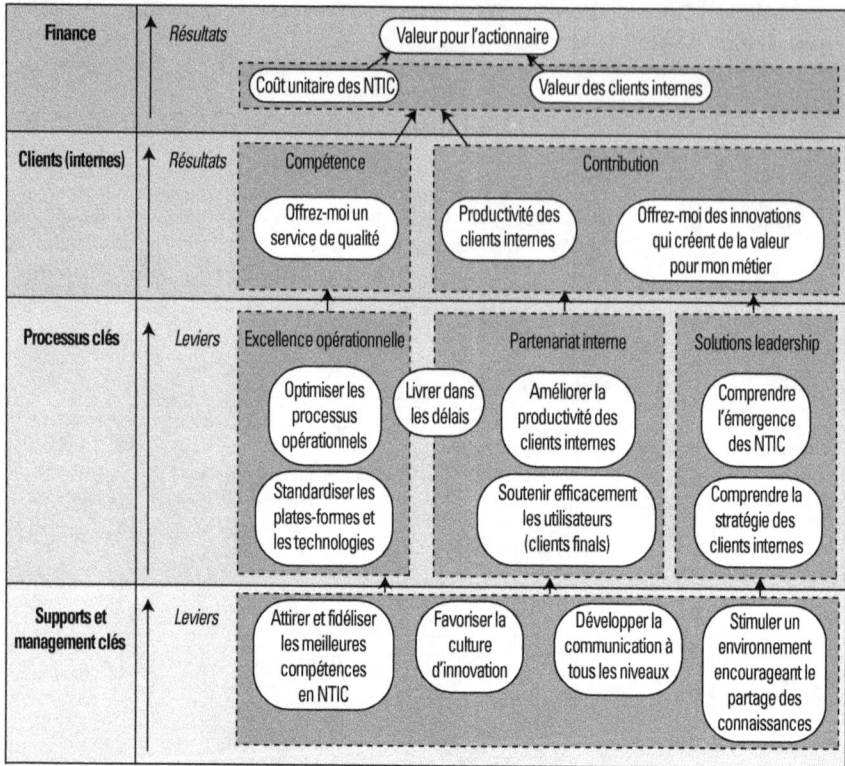

Version 2

Figure A.5
Carte stratégique d'une organisation informatique

La Balanced Scorecard et les autres approches

Le capital intellectuel

«L'usine de demain sera organisée autour de l'information et non plus autour de l'automatisation» (Peter Drucker, 1987).

La capacité d'apprendre, de coopérer et d'innover plus vite que les autres est devenue pour les organisations la principale source durable d'avantage compétitif. Ainsi, pour rester compétitives, les organisations doivent capitaliser sur leurs actifs immatériels ou leur «capital intellectuel».

Qu'est-ce que le capital intellectuel?

D'après Thomas A. Stewart et Leif Edvinsson, directeur du capital intellectuel du groupe financier Skandia (Suède), le capital intellectuel (CI) est la dénomination générique des actifs immatériels d'une organisation.

Le CI est constitué de «matière grise», de connaissances, d'informations, de propriété intellectuelle, d'expérience, de l'infrastructure de réseaux, des processus de l'entreprise et de la fidélité des clients. On le représente généralement sous la forme d'un arbre, comme à la Figure A.6.

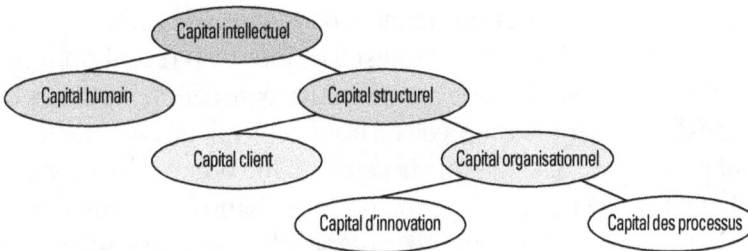

Source : Thomas A. Stewart, *Intellectual Capital: The new wealth of organizations*, 1999.

Figure A.6
Le capital intellectuel

Le **capital humain**, notion féconde s'il en est, comprend l'ensemble des connaissances collectives, la créativité, le *leadership*, ainsi que les compétences de gestion et d'entreprenariat que possèdent collectivement les salariés d'une entreprise.

Ainsi, l'éducation et la formation sont des investissements dont on peut calculer la rentabilité. C'est Gary S. Becker, professeur à l'université de Chicago, qui a ouvert la voie en s'attaquant à l'économie... de ce qui n'est pas économique! Il a reçu le prix Nobel d'économie en 1992 pour ses recherches sur le capital humain.

Le **capital structurel**, quant à lui, inclut l'utilisation du savoir et de l'information, leur diffusion au sein de l'organisation et leur transmission aux niveaux interne et externe. Pour cela, il faut disposer de bases de données, de réseaux d'ordinateurs, de systèmes d'information, de laboratoires de recherche, d'une connaissance éclairée de la concurrence et du marché, etc.

Le capital structurel peut être la propriété de l'organisation, tandis que le capital humain est variable et imprévisible. Le personnel peut quitter l'organisation, être attiré par un concurrent, tomber malade ou décéder. Il ne sera jamais la propriété de l'organisation. Le CI est l'actif le plus précieux que puisse détenir une organisation. Et pourtant…

Peut-on mesurer le CI? Quel est l'impact de cette mesure?

Cette mesure est-elle vraiment utile?

Il est difficile de trouver des critères permettant de mesurer la capacité intellectuelle. Le domaine du CI est à ce jour trop récent pour avoir pu être mesuré et testé à l'aide de méthodes éprouvées. Certaines organisations proposent le ratio valeur boursière/valeur comptable, en prenant pour postulat le fait que la valeur d'une organisation est celle que dicte le marché boursier. La méthode est simple : il suffit d'évaluer la différence entre la valeur en bourse d'une entreprise et la valeur annoncée dans ses résultats financiers.

Cette méthode présente tout de même certaines lacunes : d'une part, les marchés boursiers sont extrêmement instables (il suffit de penser à l'année 2002), d'autre part, la valeur comptable et la valeur boursière peuvent souvent être sous-estimées. Nous vous conseillons donc d'attendre que toutes les méthodes proposées sur le marché fassent leurs preuves, en méditant cette réflexion de Henri Savall (professeur de gestion à Lyon) : «les évaluations du capital humain sont fausses, comme toute comptabilité, mais elles sont tout aussi utilisables qu'un compte d'exploitation».

Le «Navigateur» de Skandia

Leif Edvinsson, directeur du CI de Skandia, était convaincu que le succès d'un assureur était lié à son capital intellectuel. En d'autres termes, pour disposer de résultats financiers sûrs, Skandia devait établir la valeur de ses actifs incorporels, à savoir transformer des connaissances en biens de valeur.

Il existe effectivement des instruments permettant de mesurer la valeur pour l'actionnaire, tel l'EVA$^®$ (*Economic Value Added*, valeur ajoutée économique), élaboré par Joel Stern, un universitaire nord-américain. Le groupe KPMG a bien tenté de s'approprier la marque, mais celle-ci a été déposée par J. Stern, qui en a l'exclusivité. Établie chaque année, la création de valeur formulée par l'EVA résulte de la différence entre le résultat d'exploitation après impôts et le coût de financement de l'actif (ventes – coûts – taxes – charges du capital). La MVA$^®$ (*Market Value Added*, valeur ajoutée de marché) est égale à la différence entre le capital investi et la valeur (revente des actions). Ainsi, pour créer de la valeur, le rendement du capital investi dans l'entreprise doit être supérieur au coût des fonds propres de l'entreprise. Ces instruments sont toutefois critiquables : prise en compte implicite des ressources intangibles, ajustements suggérés…

Pour visualiser les interactions entre les différents éléments du CI, Leif Edvinsson a mis au point un modèle qu'il a appelé «Navigator» (voir Figure A.7). Ce modèle se compose de cinq dimensions regroupées autour d'un centre d'intérêt spécifique :

- la situation financière;
- les clients;
- les ressources humaines;
- les processus;
- le renouvellement et le développement.

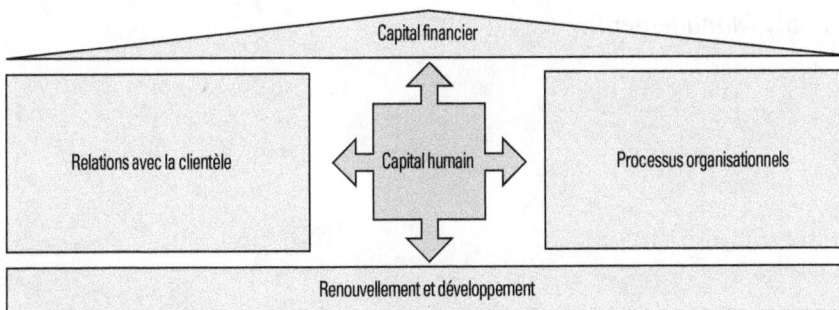

Figure A.7
Le navigateur de Skandia

Edvinsson décrit la fonction du Navigateur en comparant le domaine du potentiel intellectuel à un immeuble. Le sommet de ce bâtiment, le toit, serait la capacité financière. C'est au grenier que sont conservés les livres de comptes.

Les relations extérieures avec la clientèle, ainsi que les processus organisationnels internes, sont les murs porteurs du bâtiment que constitue le capital intellectuel. Les fondations du bâtiment sont le renouvellement et le développement, et en son centre se trouve le capital humain.

Edvinsson précise que la «comptabilité» du CI, contrairement aux rapports financiers traditionnels, non seulement prend en compte les éléments du passé au travers de la comptabilité traditionnelle, mais anticipe également le parcours futur de l'organisation.

Le Navigateur est un outil de planification, de management et de suivi. Il associe le présent au passé et à l'avenir, dans le contexte des relations internes et externes.

Outre Skandia, de nombreuses organisations ont instauré des systèmes d'audit et de management du CI : Ericsson et ABB en Suède, EDS, Wal-Mart, Toyota, Hallmark Cards, Amazon…

Le modèle de Systematic

Le modèle de la Figure A.8 (ci-dessous) a été élaboré en 1988 par l'entreprise danoise Systematic, en collaboration avec 18 autres sociétés danoises. Il a été définitivement mis au point en 1989, dans un rapport inspiré du modèle d'excellence EFQM© (*European Foundation Quality Management*).

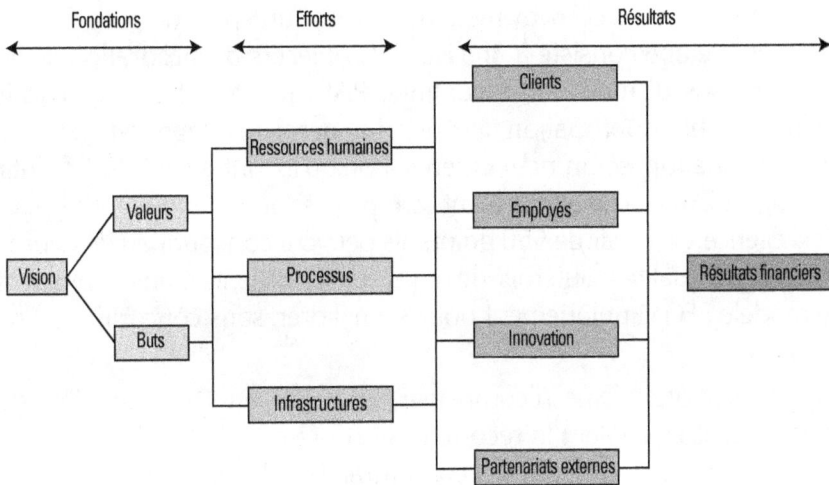

Figure A.8
Le modèle de pilotage de l'entreprise Systematic

Le modèle EFQM©

Le modèle de la fondation EFQM (voir Figure A.9) est accessible à toutes les organisations qui souhaitent améliorer leurs performances : il s'agit d'un excellent modèle systémique (l'approche EFQM hérite des principes de la systémique).

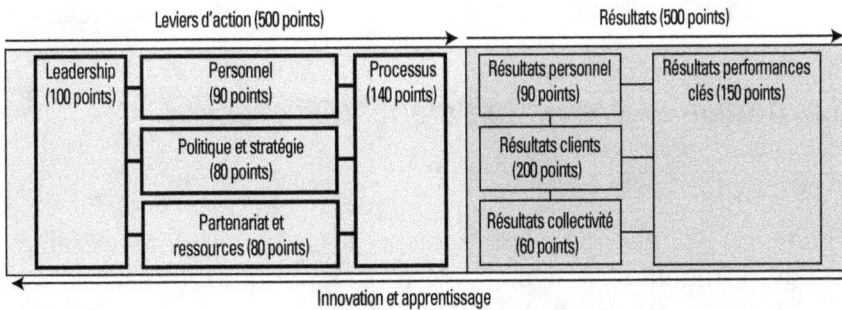

Figure A.9
Le modèle d'excellence EFQM©

La démarche se décline en trois étapes. En premier lieu, les organismes «engagés vers l'excellence» mettent en place un «plan de progrès». La deuxième étape consiste à finaliser des objectifs d'amélioration selon le processus d'amélioration continue RADAR© (Résultats, Approche, Déploiement, Appréciation, Revue). La dernière étape est celle de l'autoévaluation, selon neuf critères. Lorsqu'ils ont atteint 400 points, les organismes qui prétendent au prix sont reconnus pour leur «excellence». À partir de 550 points, ils peuvent concourir au Prix européen de la Qualité. Toutefois, de nombreuses organisations appliquent le modèle EFQM uniquement pour s'améliorer, sans concourir au Prix EFQM.

Le premier organisme récompensé fut Xerox, en 1992. Un dentiste suisse reçut également la récompense suprême en 2001. En 2002, ce fut le tour de Springfarm Architectural Mouldings, une entreprise d'Irlande du Nord qui travaille dans le bâtiment et avait d'ailleurs gagné le prix britannique de la qualité en 2000.

Les neuf critères principaux, d'une valeur totale de 1 000 points, sont répartis en deux catégories.

- 500 points pour cinq critères «avancés» (les leviers d'action) qui permettent d'analyser les principaux facteurs contribuant à la performance de l'entreprise : *leadership*, personnel, politique et stratégie, partenariat, ressources et processus.
- 500 points pour quatre critères «retardés» qui correspondent aux résultats de performances : résultats personnels, résultats clients, résultats collectivité, résultats de performances clés.

Le modèle EFQM© et la Balanced Scorecard

Similitudes et différences

A priori, la BSC et le modèle d'excellence EFQM paraissent semblables, comme le montrent les figures A.10 et A.11, puisque tous deux suivent une démarche structurée d'amélioration de la performance, fondée sur les liens de cause à effet.

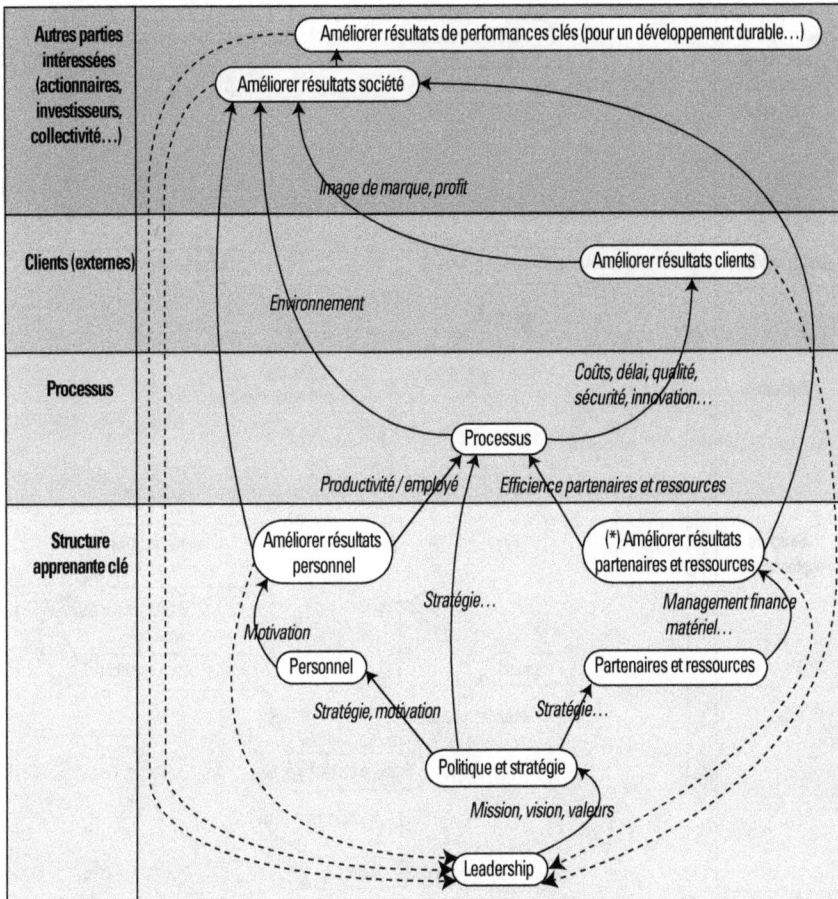

© ReUSE (2002). * Ce « résultat » n'est pas très explicite dans le modèle EFQM©

Figure A.10
Carte stratégique, BSC/EFQM (V1) : juste un exemple

Vous noterez, à la Figure A.10, que l'objectif « améliorer résultats personnels » appartient à la dimension structure apprenante clé : c'est un objectif avancé des processus.

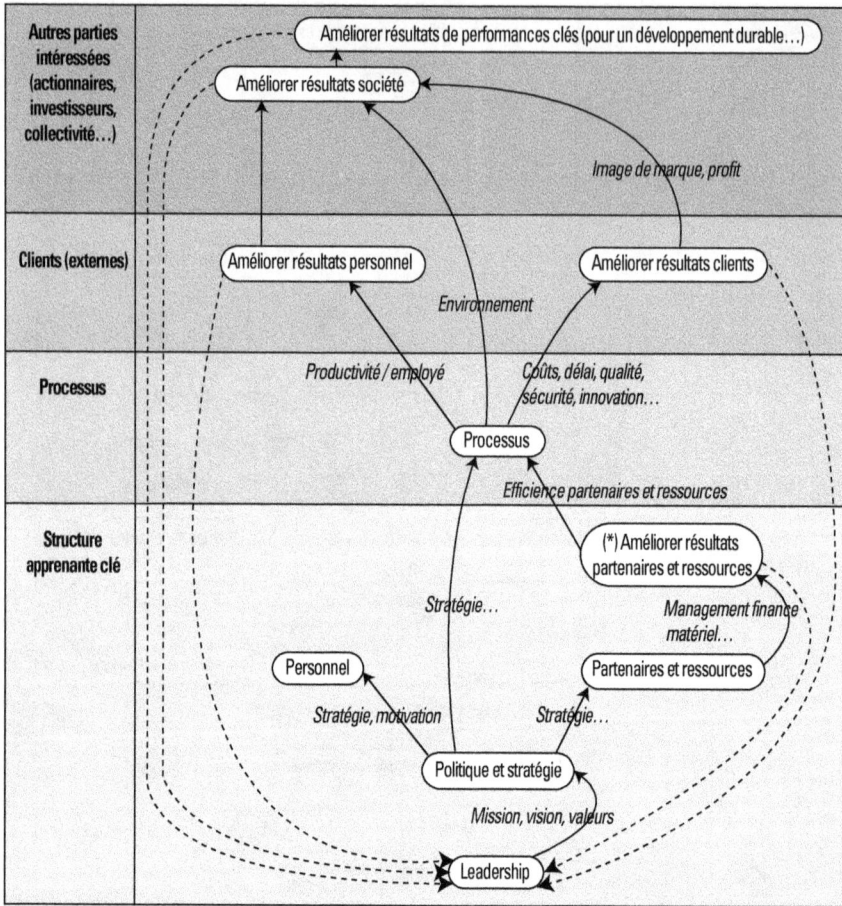

© ReUSE (2002). * Ce «résultat» n'est pas très explicite dans le modèle EFQM©

Figure A.11
Carte stratégique, BSC/EFQM (V2) : juste un exemple

Observez la Figure A.11 ci-dessus. Vous noterez, par rapport à la Figure A.10, que l'objectif «Améliorer résultats personnels» appartient à la dimension clients (internes et externes) : c'est un objectif retardé des processus.

La Figure A.10 nous paraît plus juste que la Figure A.11 car l'amélioration des résultats du personnel contribue à améliorer les «résultats» des processus.

Par conséquent, si en surface la BSC et le modèle d'excellence EFQM paraissent semblables, en profondeur il n'en est rien, comme nous pouvons en juger par le tableau de comparaison ci-dessous (Figure A.12).

	Balanced Scorecard	Modèle d'excellence EFQM©
Origine	Mesure de la performance et création de la valeur	Management de la qualité totale
Bénéfices recherchés	Amélioration de la performance Formaliser la stratégie de l'entreprise en termes précis, opérationnels et mesurables	Amélioration de la performance Identifier les points forts et les points d'amélioration afin d'encourager les meilleures pratiques de management
Délivrables	Carte stratégique, composée d'une série d'objectifs stratégiques liés selon plusieurs axes Tableau de performances équilibrées (voir Chapitre 1)	Benchmark et évaluation de la performance des processus et des résultats de l'organisation selon la notation des 9 critères du modèle
Approche	Pilotage de la stratégie de l'organisation tourné vers le futur Série d'objectifs, mesures, cibles et initiatives propres à chaque organisation Amélioration de la performance par saut	Pilotage des processus, autoévaluation factuelle, collecte des données, scoring centré sur le présent Critère d'évaluation identique d'une entreprise à l'autre Amélioration continue
Facteurs de succès	Processus imbriqué dans le processus de pilotage	Processus imbriqué dans le management quotidien

Figure A.12
Tableau de comparaison BSC/EFQM

Alignement entre EFQM et BSC

Le modèle EFQM, comme la Balanced Scorecard, hérite des principes de l'approche systémique, qui hérite elle-même des principes de la cybernétique. La cohérence entre ces trois modèles (Balanced Scorecard, approche système et EFQM), difficile, fragile mais indispensable, est assurée (doit être assurée) par les relations symétriques, comme le montre la Figure A.13. Cette relation de symétrie entre les différents modèles (BSC, Système, EFQM) doit vous aider à répondre à la question suivante :

Mon système de pilotage de la performance est-il excellent ?

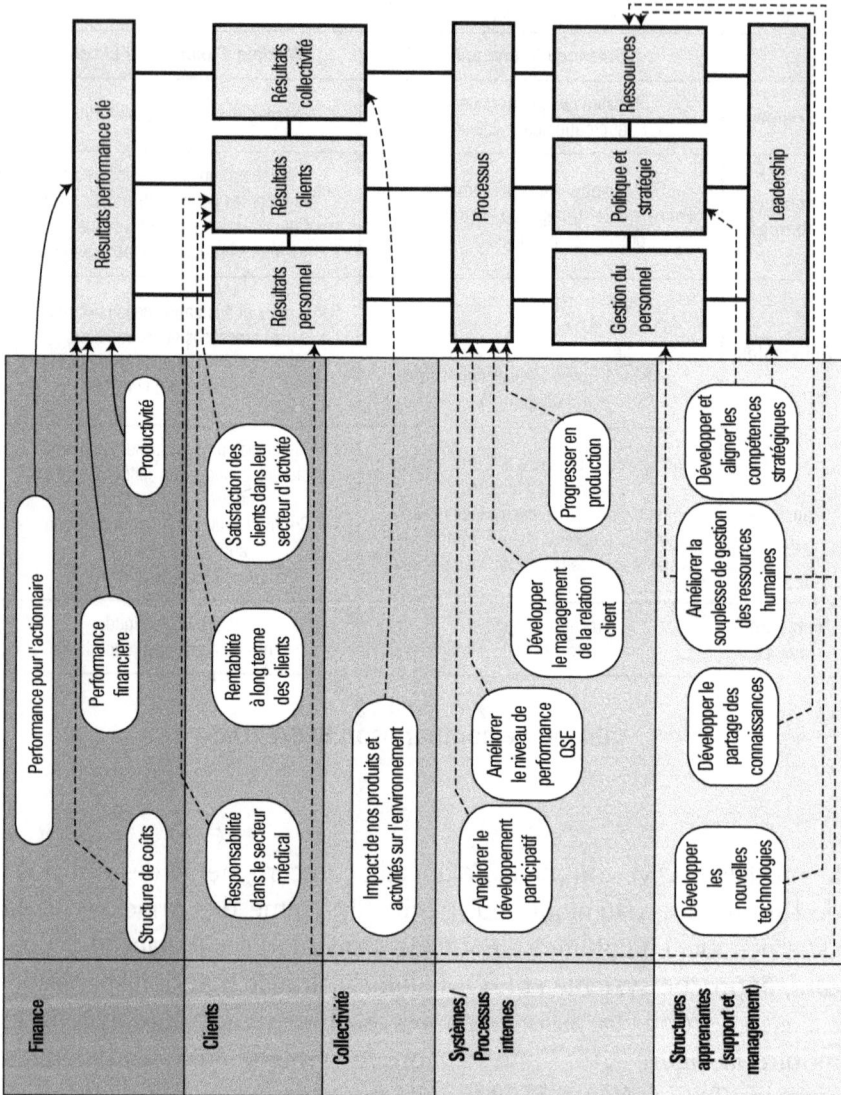

Figure A.13
Symétrie entre le modèle BSC et le modèle EFQM
(quelques relations de symétrie)

Annexe B

Idées fondamentales de la systémique et de la complexité dynamique

Plusieurs idées fondamentales se dégagent de la pensée systémique et de la complexité dynamique.

L'interaction

L'interaction est au départ une simple relation de cause à effet : *A* agit sur *B*, éventuellement avec retard. Mais cette relation peut s'inverser, *B* rétroagissant sur *A* de façon amplifiée ou amortie, parfois au travers de relations mettant en jeu des éléments tiers *C, D, E*… (boucles de rétroaction ou boucles récursives). Dans les organisations, les interactions sont multiples, comme l'illustre la Figure B.1.

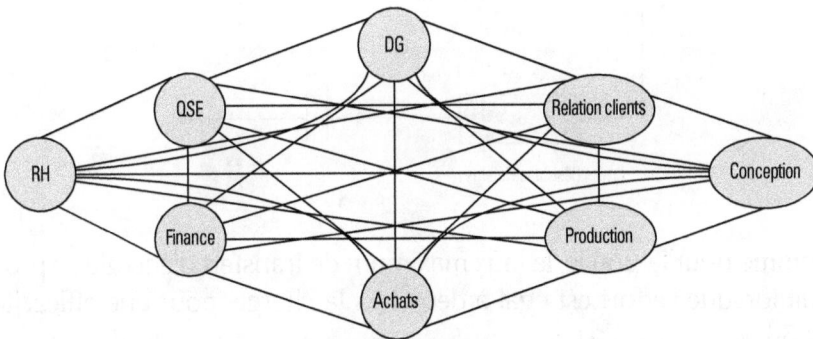

Figure B.1
Multiplicité des interactions

La globalité

Le système est composé de parties ou d'éléments mais il n'est pas réductible à la somme de ses parties. Le fait de considérer sa totalité et non les éléments qui le composent peut faire émerger de nouvelles qualités, voire faire surgir de nouveaux éléments (suradditivité).

L'efficacité

Pour un dispositif mécanique tel qu'une poulie, l'efficacité peut être très élevée (plus de 90 %). Dans ce cas, le concept d'efficacité est assez simple ; ce qui est perdu dans le dispositif est dû au frottement (transformation de l'énergie cinétique en énergie calorifique absorbée par l'atmosphère).

Cependant, le concept d'efficacité n'est pas toujours aussi simple. Dans le cas de circuits électriques, le problème devient plus complexe. Le transfert maximum de puissance se produit lorsque les résistances interne r et externe R sont identiques, ce qui signifie que le circuit électrique fonctionne avec 50 % d'efficacité seulement.

Si nous réduisons la valeur de la résistance interne r, la combinaison du système fournit moins de puissance au rendement R, bien que son efficacité augmente.

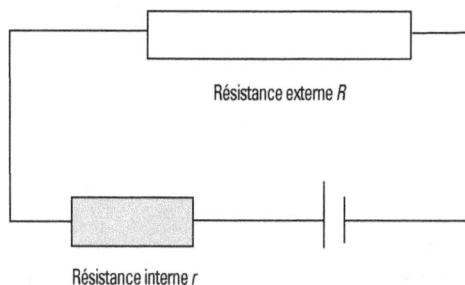

Résistance externe R

Résistance interne r

Comme pour la poulie, le taux maximum de transfert d'énergie se produit lorsque l'effort est égal à deux fois la charge, pour une efficacité de 50 %.

Pour les organisations, l'efficacité correspond généralement au rapport entre les sorties et les entrées. Elle présente une vue interne du système. Par exemple :

Efficacité de la production =
nb de produits réalisés/nb de produits planifiés

Efficacité des ventes =
nb de commandes réalisées/nb de commandes prévues

L'efficacité des organisations pourrait également être mesurée en termes de coût global, à l'aide de la formule suivante :

Efficacité = coûts directs/(coûts directs +
coûts indirects + dépassements)

L'efficience

L'efficience présente une vue externe d'un système. Elle évalue les propriétés émergentes du système.

Bien que les termes efficacité et efficience soient souvent employés l'un à la place de l'autre, comme s'il s'agissait des deux faces d'une même pièce de monnaie, ils désignent chacun une réalité différente : si l'efficience fait les «choses bien», l'efficacité fait de «bonnes choses».

Prenons un exemple. Un officier de police judiciaire qui est responsable d'un commissariat définit un «indice de solubilité» en attribuant des points aux délits. Pour les délits qui ont un indice élevé, il existe davantage d'informations : on peut donc les résoudre rapidement. Ce sont en général les plus simples... Des officiers de police judiciaire sont assignés préférentiellement à de tels délits, afin d'augmenter l'efficacité du commissariat. L'efficacité va probablement augmenter, mais que dire de l'efficience ? L'efficience est une propriété émergente perçue par le public. Or le public peut se sentir négligé et déçu si les délits auxquels il est soumis ne sont pas réprimés.

Comment mesurer l'efficience de la police ?

Une patrouille de police aperçoit un individu suspect près d'un parking. Cet individu voit à son tour la patrouille, ce qui l'empêche de commettre un délit. La police est donc efficace par sa seule présence, et elle apporte ainsi la tranquillité à la communauté. C'est bien, mais est-ce une bonne chose…?

Que sait-on sur l'individu?

Renouvellera-t-il son intention plus tard, dans une autre communauté?

Quelles sont les ressources policières à mettre en place?

La police est-elle efficiente?

Les réponses à ces quelques interrogations ne sont pas simples, mais elles sont importantes.

Idées fondamentales de la complexité dynamique

Pour Peter Senge, «il y a complexité dynamique lorsqu'une même action a des impacts différents sur le court terme et le long terme». Plusieurs idées fondamentales caractérisent cette complexité dynamique.

L'évolution

Pour reprendre l'expression d'Héraclite, «tout est changement». Ainsi, une étoile peut évoluer au-dessus de nous pendant plusieurs milliards d'années en brûlant son «carburant», puis se désintégrer en quelques secondes. De même, les marchés boursiers peuvent progresser pendant plusieurs mois et s'effondrer en quelques heures.

Le couplage

Dans le système, les acteurs agissent les uns sur les autres et avec l'environnement : tout est relié à tout.

La rétroaction

En raison du couplage entre les acteurs, nos actions rétroagissent sur elles-mêmes. La rétroaction est la capacité des variables à se renforcer ou à se compenser mutuellement. Rappelez-vous les deux types de boucles causales.

Les variables du système

En pratique, il existe deux types de variables dans un système : les variables endogènes et les variables exogènes.

- **Les variables endogènes** sont les éléments interactifs du système, elles influencent toutes les autres variables telles que les *stocks* et les *flows* (écoulements). Ces variables, ainsi que les boucles, sont à la base de la dynamique des systèmes de J. W. Forrester (Annexe B).
- **Les variables exogènes** sont des facteurs situés à l'extérieur des frontières du système mais qui influencent l'état de ce dernier. Par contre, les variables exogènes ne sont nullement influencées par les variables du système.

En toute logique, plus le nombre de variables est grand, plus la complexité et l'interaction entre les variables sont grandes.

La non-linéarité

L'effet est rarement proportionnel à la cause, et ce qui se produit localement ne s'applique pas forcément dans des régions éloignées. La non-linéarité illustre souvent la physique de base des systèmes. Dans les systèmes complexes, la cause et l'effet sont souvent éloignés dans le temps et l'espace. Ainsi, nous voyons toujours des lignes droites alors que la réalité est faite de cercles : ce sont les boucles de causalité.

Par exemple, la pression qu'exerce votre responsable sur vous peut augmenter votre motivation à faire de plus en plus d'efforts, mais il arrive un point où vous vous trouvez dans l'impossibilité d'aller plus loin. Cette impossibilité domine alors votre motivation, entraînant votre renoncement à l'effort.

La dépendance

Choisir une route exclut souvent la possibilité d'en prendre une autre. De même, nombreuses sont les actions irréversibles.

Ainsi, pendant la guerre froide et sa course aux armements, les nations nucléaires ont produit plus de 250 tonnes d'armes en plutonium. Cela a duré une cinquantaine d'années, mais la durée de vie de ces armes est d'environ 24 000 ans !

La structure interne

La dynamique des systèmes résulte spontanément de leur structure interne. Souvent, de petites perturbations aléatoires sont amplifiées et moulées par la structure de rétroaction : les raies sur un zèbre, la contraction rythmique de votre cœur, les cycles persistants sur le marché de l'immobilier, etc.

Le délai ou horizon temporel

Tout le monde connaît le temps d'attente avant d'atteindre le guichet d'une banque, d'une poste ou d'un péage d'autoroute en période de pointe. De même, lorsqu'une action est engagée, il y a un temps de réponse avant qu'elle commence à produire son effet.

Le délai de réaction est important : rappelons que l'objectif n'est pas uniquement de savoir «si l'aspirine soulage des maux de tête, mais quand elle soulage».

La systémique et ISO 9000 : 2000

Une véritable déferlante de normes, guides, recommandations, spécifications et autres documents de référence s'abat depuis quelques années sur les organismes, et ce phénomène nécessaire ne peut que s'amplifier à l'avenir, du fait de la mondialisation des pratiques :

- ISO 9001 : 1987
- ISO 9001 : 1994

- ISO 14001 : 1996
- OHSAS 18001 : 1999
- ISO 9001 : 2000
- ISO DD : 2008? (DD : Développement durable. Projet en cours?)

Ainsi, l'arrivée des nouvelles normes ISO 9000 : 2000 sur le marché a entraîné un «matraquage» de communications, séminaires, formations et ouvrages sur l'approche processus. À partir de cette approche, de nombreux organismes ont fait migrer leur système d'assurance qualité ISO 9001/2/3 : 1994 vers un système de management de la qualité ISO 9000 : 2000.

Or, les premiers retours d'expériences montrent que ces organismes n'ont pas vu concrètement l'utilité du changement, malgré les efforts et la compétence des organismes de certification (AFAQ, BVQI, DNV, LRQA…) et de normalisation tels l'ISO et l'AFNOR – les efforts de ce dernier sont nombreux : organisation de groupes de travail et de journées de référence thématiques, réalisation de fascicules de documentation, etc.

Pourtant, certains organismes se demandent quelle est la plus-value de toutes ces normes de management. Ils pensent avoir perdu en réactivité au gré des standards qui sont arrivés sur les rayons. Lors d'un séminaire HEC à Paris, en 2002, Michael E. Porter a ainsi déclaré : «Ils ont perdu de vue la stratégie et la rentabilité durable.»

Difficultés inhérentes au management des processus/par les processus

La typologie de processus proposée par certains guides et ouvrages n'est pas très réaliste.

Le management est-il un processus?

Comment fait-on pour «industrialiser» un processus de management?

Comment mesurer sa performance?

Comme le souligne justement Hedge Fund, «le management est une donnée majeure, mais elle est purement qualitative».

Le management est un «agrégat» d'activités ou de processus, et non une «logique d'activités ou de processus» aboutissant à un résultat déterminé. Mais peut-être trouverons-nous dans une bibliothèque le processus pour «manager une organisation» avec, à la clé, un résultat efficace et efficient déterminé. On confond souvent les activités de management et le processus de planification.

Le management n'est pas une science et encore moins un processus que l'on apprend à l'école ou sur Internet, mais un art :

- «(…) l'art de faire travailler ensemble des personnes pour atteindre les mêmes objectifs de la façon la plus harmonieuse possible» [Jean-François de Zitter, Directeur général de l'Institut français de gestion).

- L'art de «…déterminer et fournir les ressources nécessaires pour :
  − mettre en œuvre et entretenir le système de management de la qualité et améliorer en permanence son efficacité ;
  − accroître la satisfaction des clients en respectant leurs exigences…» [ISO 9001 : 2000].

- L'art de savoir gérer les coûts, mais aussi et surtout de savoir maîtriser les mécanismes de création de la valeur.

- L'art d'anticiper les résultats en fonction des ressources, et surtout de maîtriser l'évolution de l'environnement externe et interne de l'organisme.

- L'art de la conviction et de la patience. Car sur le terrain, le manager ne peut agir qu'au compte-gouttes. «On ne fait guère pousser les plantes en tirant sur les feuilles» (dicton populaire).

- L'art de mobiliser et d'engendrer les intelligences.

- L'art de… bien des choses, puisque «…85 % des problèmes proviennent du management et 15 % des opérationnels…» (Deming) !

Qu'est-ce que la valeur ?

La valeur est un ensemble de considérations qualitatives (combien ça vaut?) et quantitatives relatives (combien ça coûte?) qui varient d'un client à l'autre.

La notion de valeur n'est pas nouvelle puisqu'en 1776, l'abbé Étienne Bonnot de Condillac, philosophe et économiste français, a défini la subjectivité de la «valeur d'une chose» (produit, activité) par l'utilité qu'on en a. Selon notre abbé, une chose n'a pas une valeur parce qu'elle coûte ; mais elle coûte parce qu'elle a une valeur. Admirable renversement (pour l'époque), qui ruine par avance toute théorie de la valeur fondée sur les coûts. Plus d'un siècle après, Ludwig von Mises renchérira : «La valeur est en nous, non dans les choses».

Par contre, en 1985, soit plus de deux siècles après notre illustre abbé, la «chaîne de valeur» a été définie par Michael Porter comme «l'enchaînement d'activités permettant d'aboutir à un produit valorisable sur le marché» (voir Figure B.2).

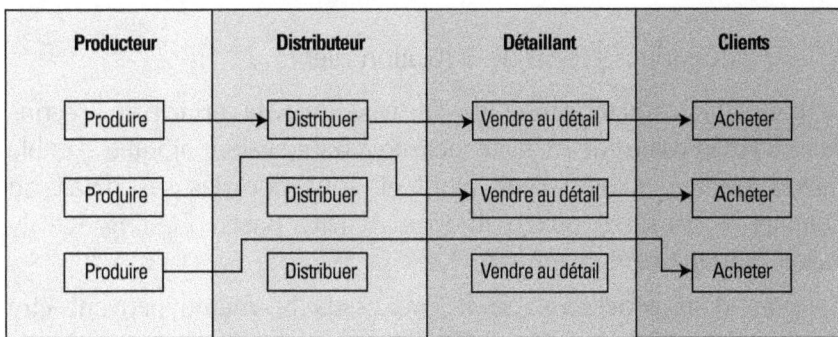

Figure B.2
La chaîne de valeur permet d'optimiser la chaîne logistique

Pour identifier si le système, le processus, l'activité ou la tâche a de la valeur pour le client (externe ou interne), il faut s'interroger sur la «valeur» de son résultat de sortie. Cela répond-il aux besoins? Cela est-il utile? L'utilité est en effet mesurable : un individu associe à la quantité d'un bien un nombre qui mesure l'utilité qu'il retire de la consommation de cette quantité. D'après l'économiste autrichien Karl Menger (1840-1921), cette utilité va décroissant : au fur et à mesure que le niveau de consommation d'un bien s'élève, le supplément d'utilité que l'individu retire de la consommation supplémentaire baisse jusqu'à devenir nul. En d'autres termes, la valeur de l'utilité marginale décroît.

Cela répond-il aux besoins? Cela est-il utile?

Si la réponse est positive, le système, le processus, l'activité ou la tâche est sans doute à valeur ajoutée pour le client. Il est en effet important de s'interroger sur la ou les propositions de valeur que le système, le processus, l'activité ou la tâche offre aux clients internes et/ou externes (cible de clients), car l'identification des propositions de valeur est complémentaire à l'identification des objectifs stratégiques (Balanced Scorecard).

On citera par exemple les propositions de valeur suivantes :

- accélérer la distribution des produits;
- améliorer les conditions d'achats;
- améliorer l'accès à l'information (système d'information ouvert);
- développer le sens de la relation client.

Le couplage caractéristique de l'activité (activité principale, secondaire…) et la valeur de l'activité (activité à haute valeur ajoutée, à faible valeur ajoutée, sans valeur ajoutée) sont abordés en détail au Chapitre 5, consacré aux méthodes Activity Based Costing/Activity Based Management.

L'activité d'un processus ou le processus lui-même peuvent être classifiés : répétitifs ou non répétitifs, primaires ou secondaires, stratégiques ou discrétionnaires, requis par un client interne ou externe, etc.

- **L'activité répétitive** est une activité réitérée continuellement selon une certaine fréquence. Il peut s'agir de l'évaluation d'un fournisseur, de la formation, de l'évaluation de la satisfaction clients…
- **L'activité non répétitive** est une activité qui peut être exécutée à n'importe quel moment : action corrective, action préventive, traitement des réclamations clients…

- **L'activité primaire ou principale** est une activité qui contribue directement à la mission du processus, comme pour le processus logistique : il s'agit de réceptionner, contrôler, stocker…
- **L'activité secondaire** est une activité qui soutient la ou les activités primaires du processus : manutention, inventaires, management des ressources…
- **L'activité discrétionnaire** est une activité facultative qui dépend du jugement du manager : il peut s'agir d'envoyer un mailing, d'informer les clients sur les nouveautés…
- **L'activité requise** est une activité exigée par la législation ou les actionnaires : déclarer la TVA, déclarer un nouvel embauché, réunir les actionnaires…

De même, une activité classifiée peut être typée avec la notion de valeur ajoutée (VA). Ainsi, une activité peut être primaire et sans réelle valeur ajoutée pour un client externe, comme les activités «stocker» et «déstocker» – sauf si le «*core business*» (chaîne de valeur) de l'organisme consiste à stocker/déstocker des produits (magasin, entrepôt logistique…). Une activité peut également être non répétitive avec VA, telle l'activité «traiter les réclamations clients».

Les figures B.3 à B.5 montrent quelques exemples de représentations différentes de systèmes de management.

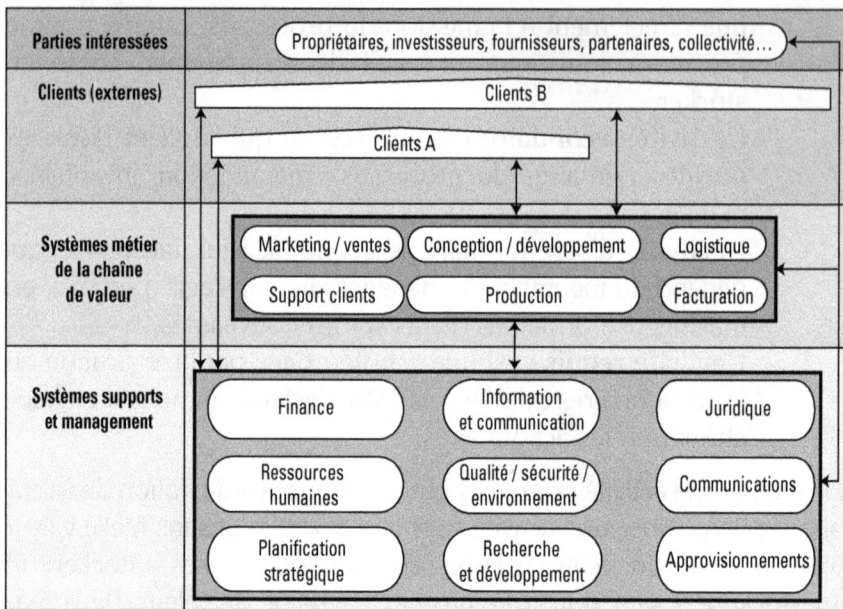

Figure B.3
Diagramme fonctionnel de l'organisation Durand

Pour l'organisation Durand représentée à la Figure B.3, les systèmes qui ont de la valeur pour les «Clients A» et les «Clients B» sont regroupés. Nous trouvons : marketing/ventes, support clients, conception/développement, production, logistique, facturation.

Vous observerez que le système qualité/sécurité/environnement (QSE) est identifié en tant que système de support et management.

Supposons que l'organisation Durand propose à ses clients un portail Internet pour faire du business (*via* le système information et communication). Quelle est la modification à apporter au modèle?

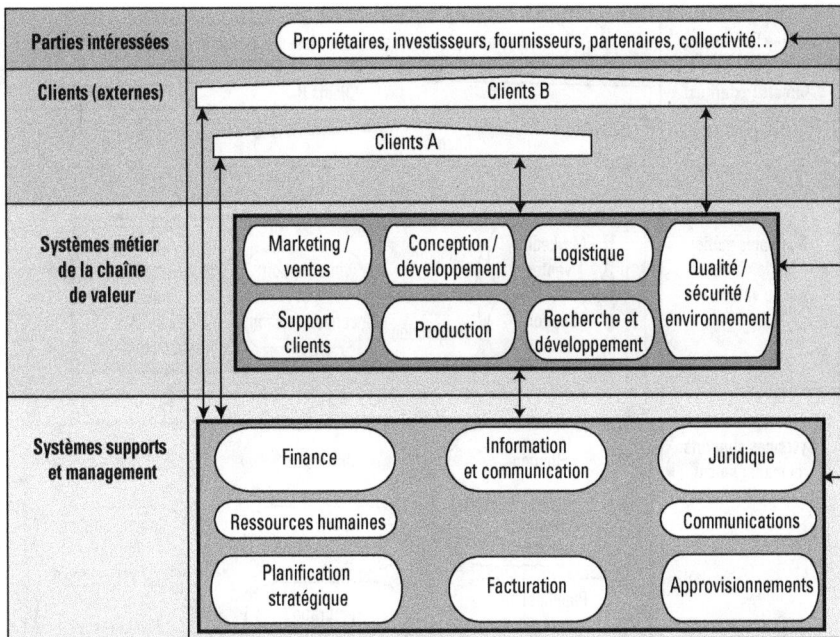

Figure B.4
Diagramme fonctionnel de l'organisation Dupont

Pour l'organisation Dupont représentée à la Figure B.4, les systèmes ayant de la valeur pour les «Clients A» et les «Clients B» sont les suivants : marketing/ventes, support clients, recherche et développement, conception/développement, production, logistique, facturation, qualité/sécurité/environnement.

Vous observerez que, contrairement à l'organisation Durand de la Figure B.3, recherche et développement, ainsi que qualité/sécurité/environnement (le client sollicite la fonction QSE pour des rapports, échantillons...), sont considérés comme des systèmes à valeur ajoutée pour les clients A et B, tandis que la facturation est identifiée en tant que système de support.

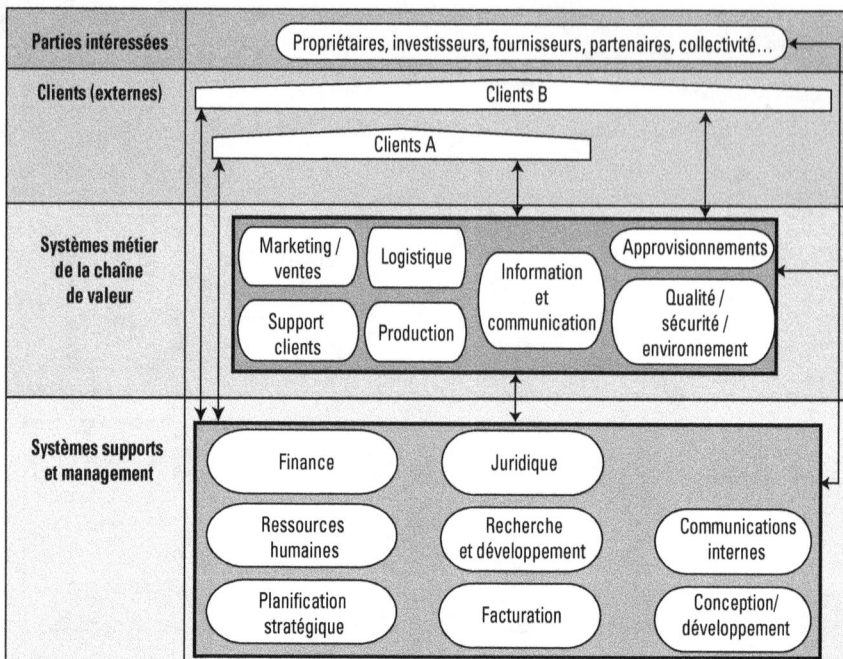

Figure B.5
Diagramme fonctionnel de l'organisation Martin

Pour l'organisation Martin représentée à la Figure B.5, les systèmes qui ont de la valeur pour les «Clients A» et les «Clients B» sont les suivants : marketing/ventes, support clients, production, logistique, supports clients, qualité/sécurité/environnement et approvisionnements.

Contrairement aux organisations Durand et Dupont, le système «approvisionnements» fait partie de la chaîne de valeur. C'est par exemple le cas d'une société d'ingénierie dont les produits achetés ou approvisionnés auraient de la valeur pour les clients (externes) en termes de coûts, de qualité, de risques encourus.

Définition fonctionnelle d'un système logistique

Mission : satisfaire les commandes des magasins (cahier des charges des magasins, respect et besoins des magasins, etc.) dans un délai optimum.

Environnement clients : magasins et entrepôts (entrepôts massificateurs), autres parties intéressées (centrales d'achats, fournisseurs, collectivité, partenaires, actionnaires…)

Vision organisationnelle : réapprovisionnement de type diverting, éclatement ou réappro-picking, et pré-facturation à partir du modèle SCOR.

Dans un réapprovisionnement de type diverting, l'entrepôt massificateur pilote le réapprovisionnement des entrepôts de zone. Le stock se trouve dans les entrepôts de zone (flux tendus, zéro stock pour l'entrepôt massificateur).

Dans un réapprovisionnement de type éclatement, le stock est détenu uniquement par l'entrepôt massificateur et jamais par l'entrepôt de zone. C'est à l'entrepôt de zone que se fait la consolidation des commandes, et celles-ci sont en flux tendus (éclatement vers l'entrepôt massificateur).

Dans un réapprovisionnement de type réappro-picking, l'entrepôt de zone est réapprovisionné à partir de l'entrepôt massificateur, à cadence paramétrable (n jours). Le stock est présent dans les entrepôts de zone et massificateurs.

Processus/activités (chaîne de valeur) :

- aérer les réceptions attendues ;
- accueillir les transporteurs et pré-réceptionner ;
- réceptionner les palettes ;
- stocker/déstocker (palettes/produits) ;
- confectionner les unités de chargement ;
- constituer les quais et charger les navettes ;
- gérer le service clients, etc.

Structures «apprenantes» (ou supports et management) :

- piloter les activités de l'entrepôt (ordonnancer les charges, lancer en préparation…) ;
- manager les ressources humaines de l'entrepôt ;
- gérer le système intégré qualité/sécurité/environnement[1] de l'entrepôt (traitement des litiges, audits, gestion des déchets…) ;
- gérer les approvisionnements de l'entrepôt, etc.

---

1. L'article 116 de la loi NRE (sur les nouvelles régulations économiques) et son décret d'application du 20 février 2002 font obligation aux entreprises cotées de rendre compte de leurs impacts sociaux et environnementaux, et ce dès 2003.

Définition fonctionnelle d'un système des ressources humaines

Le système des ressources humaines est un élément du système global de l'organisme et une force de participation active pour le système stratégique. Il s'agit également d'un prestataire de services efficient (au même titre que les systèmes d'informations et de communications, systèmes financiers, QSE, etc.) pour les clients et autres parties intéressées.

Mission : permettre aux managers des unités de business et de support de l'organisation de disposer des compétences humaines nécessaires à la mise en œuvre de leur stratégie. Contribuer à la construction du futur de l'organisation. Développer et fidéliser le capital humain.

Environnement : législation du travail, écoles, agences d'intérim, organisations syndicales, marché de l'emploi…

Client(s) : les systèmes de l'organisation, le personnel de l'organisation.

Vision organisationnelle : utilisation des nouvelles technologies de l'information et de la communication (NTIC), bases de données de profils de compétences, de polyvalences.

Processus / activités (chaîne de valeur) :

- mettre à disposition les unités de business du personnel correspondant le mieux à la demande (recrutement, sélection, évaluation…) ;
- gérer les relations avec les unités de business (formation, communications avec les unités de business…) ;
- gérer les relations sociales (planification de carrière, rémunération, communication avec le personnel…), etc.

Structures apprenantes (ou supports et management) :

- manager le personnel du système RH (gérer, former, évaluer, etc., le personnel RH) ;
- manager les infrastructures et l'environnement de travail RH (gérer les bases de données du personnel, développer la valeur ajoutée des compétences et le savoir-faire du personnel…) ;
- gérer la qualité du système RH (améliorer les processus et activités du système RH…) ;
- manager l'approvisionnement/achat du système RH, etc.

Définition fonctionnelle d'un système financier

Mission : répondre, dans le délai le plus court, aux besoins et attentes des clients qui appellent.

Environnement clients : clients particuliers et professionnels, Banque de France, Bourse, actionnaires, investisseurs, législation, agences…

Vision organisationnelle : accès à la banque sans abonnement, offres commerciales et transactions sur serveur vocal grâce à un téléphone DTMF, plate-forme téléphonique.

Processus (chaîne de valeur) :

- processus de relations avec les clients particuliers (épargne, crédits à la consommation, assurances…) : transactions sans code d'accès, transactions et offres de ventes avec identification manuelle, avec code d'accès ;
- processus de relations avec les clients professionnels ;
- processus de traitement du *back office* (communications, validation des crédits à la consommation…), etc.

Structures apprenantes (ou supports et management) :

- manager le «capital intellectuel» – à savoir le capital humain (compétence, attitude, agilité intellectuelle) + le capital structurel (relation, organisation, renouvellement (R & D…) – du système financier : gérer le capital intellectuel, former le capital humain, gérer les bases de données du capital humain, développer la valeur ajoutée des compétences et le savoir-faire de ce capital (formations bancaires, en télémarketing, formations des téléconseillers généralistes et spécialistes) ;
- assurer le support technique et logistique ;
- contrôler la gestion ;
- gérer la qualité, etc.

Le «modèle en 8 »™ et ISO 9000 : 2000

Imaginé par Patrick Jaulent en 1999, le «modèle en 8» ou «boucle en 8» n'a rien de révolutionnaire. Il est utilisé par de nombreux organismes pour former le personnel aux nouvelles normes ISO 9000. Vous trouverez ce modèle dans les documents normatifs tels que le FD S 99-130, «Lignes directrices pour la mise en œuvre d'un système qualité dans un établissement de santé».

Le «modèle en 8» et le modèle de Deming

Le «modèle en 8» (voir Figure B.6) et le «modèle de Deming» ne doivent pas être opposés : ils sont en réalité complémentaires.

Le «modèle en 8» représente un processus de pilotage tandis que le modèle de Deming illustre un processus d'amélioration continue générique, cyclique et séquentielle :

- planifier (*Plan*);
- faire (*Do*);
- vérifier (*Check*);
- agir (*Act*).

Le processus d'amélioration continue générique fonctionne selon différentes configurations : PDCA (*Plan, Do, Check, Act*) mais également PLCA (*Plan, Learn, Check, Act*) et PDSA (*Plan, Do, Study, Act*)… Par ailleurs, la séquentialité est critiquable en tant que modèle de pilotage (ou management) d'un système de management…

Le «modèle en 8» et le «modèle de Deming» sont complémentaires car, en pratique, tout système peut être piloté selon le «modèle en 8», et amélioré en permanence selon le «modèle de Deming».

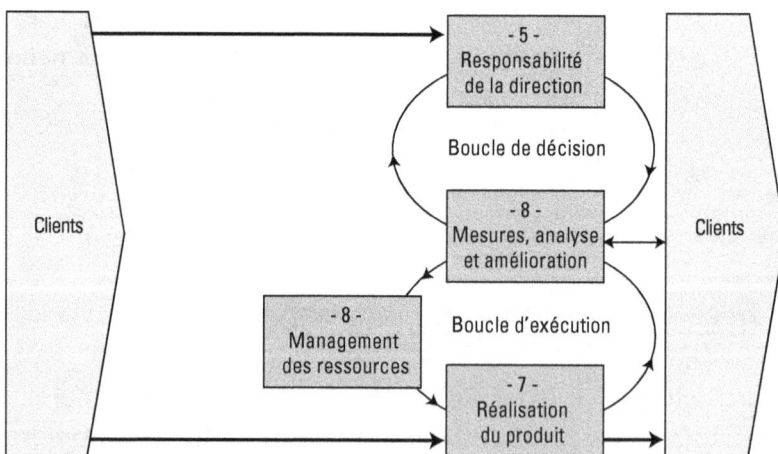

Figure B.6
Diagramme fonctionnel du SMQ ISO 9001 : 2000 selon le «modèle en 8»™

Pilotage de systèmes intégrés

Le «modèle en 8» est un modèle générique qui peut servir de modèle de référence pour le pilotage d'un système intégré : qualité, sécurité, environnement, etc. La Figure B.7 ci-après illustre le pilotage d'un système de management intégré.

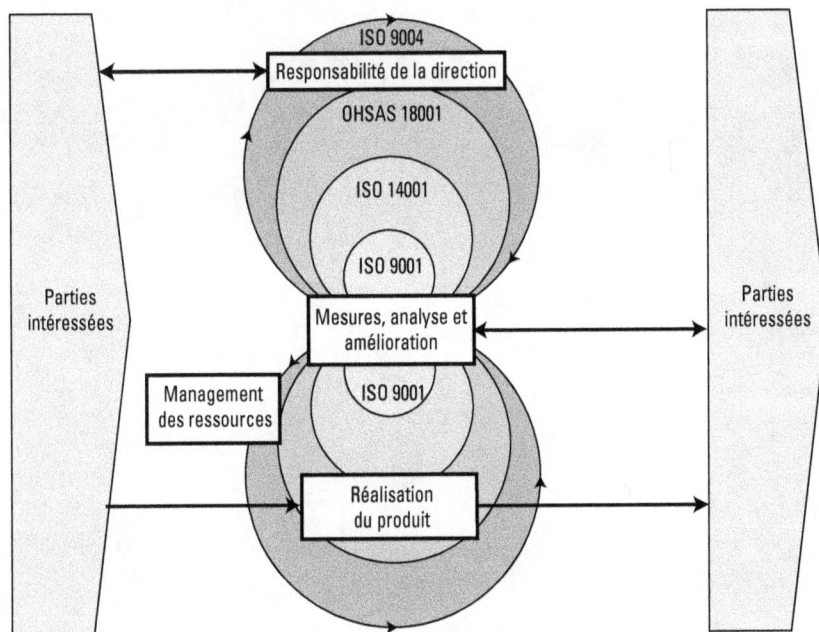

Figure B.7
Diagramme fonctionnel d'un management intégré
selon le «modèle en 8»™

Annexe C

Approche statique de la performance de l'organisation Dupont

Stratégie du manager de Dupont

Mission de Dupont : Dupont développe des appareils électroniques pour les marchés de la défense et du secteur médical, et assure les prestations associées à l'utilisation de ces appareils.

Vision du manager de Dupont à horizon de 5 ans :

- rentabilité > 17 % ;
- croissance du marché du secteur médical de 20 % ;
- croissance du marché de la défense de 12 %.

Valeurs de Dupont :

- Le client est notre associé : nous nous concentrons sur des relations à long terme avec un nombre de clients sélectionnés.
- Respect envers nos clients.
- La qualité préférable à la quantité : nous travaillons selon les normes de qualité internationales les plus exigeantes.
- Liberté et responsabilité : les décisions se prennent là où l'équipe a de l'influence sur le résultat.
- Niveau hiérarchique aplani : nous réduisons la bureaucratie et diminuons le nombre de niveaux hiérarchiques.
- Amélioration continue : nous encourageons nos employés à rechercher l'amélioration continue comme base pour de nouveaux défis.

- Partage actif des connaissances : la connaissance doit être accessible à tous et partagée par tous.
- Maîtrise des coûts : nous augmentons notre compétitivité par la maîtrise de nos coûts.
- Responsabilités : nous sommes conscients de nos responsabilités envers l'environnement. Nous contribuons à un développement dynamique de la connaissance et des technologies en participant activement à des projets de recherche et de développement.

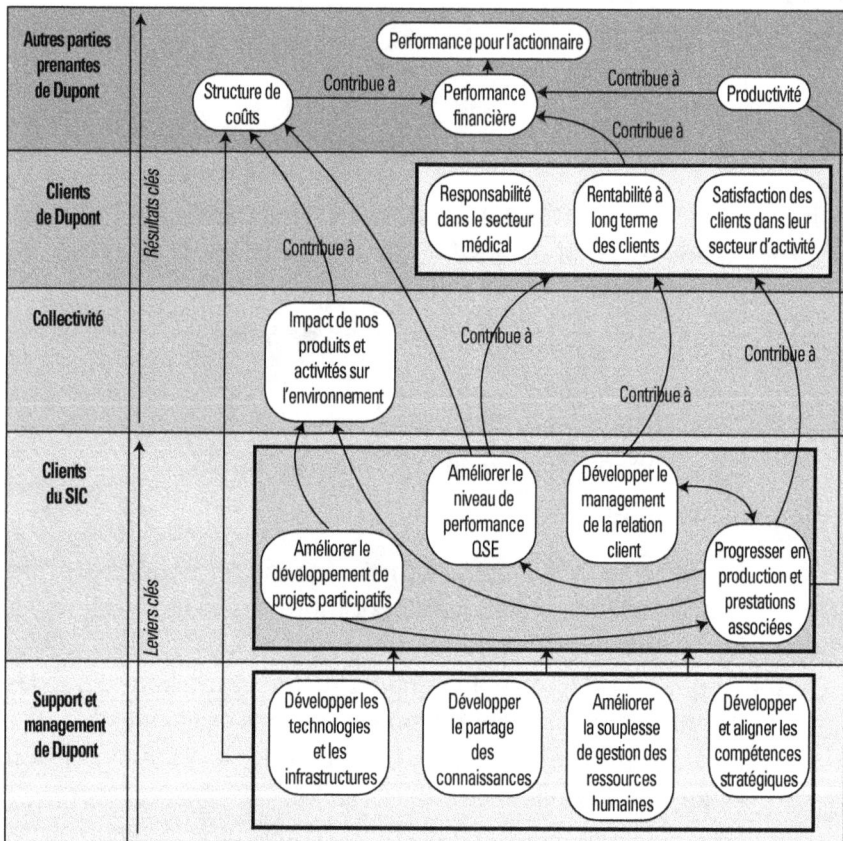

Figure C.1
Carte stratégique du manager de l'organisme Dupont

Système fonctionnel de Dupont

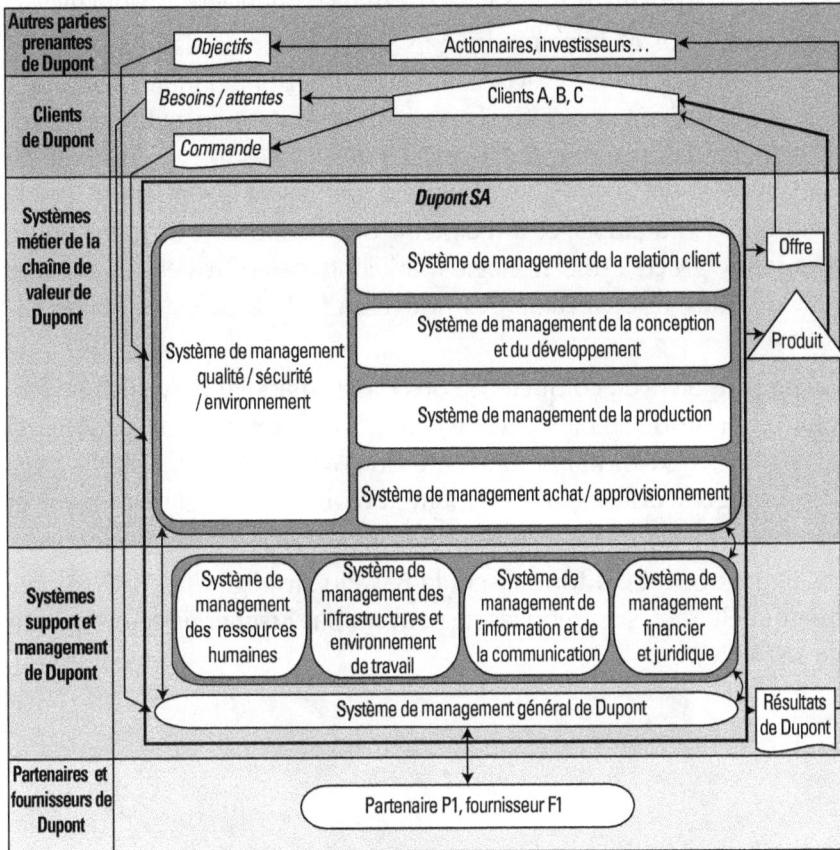

Figure C.2
Diagramme fonctionnel de l'organisme Dupont

Management de la relation clients de Dupont

Stratégie du manager de la relation client

Mission : établir une relation «gagnant-gagnant» afin d'augmenter le volume de ventes.

Vision du manager du SMRC à un horizon de 3 ans : nous voulons la meilleure stratégie + la meilleure image de marque + le meilleur personnel + les meilleurs processus internes + la meilleure technologie pour augmenter le profit. Nous voulons un pilotage des clients par la valeur en améliorant nos flux.

Objectifs corporate majeurs : performance financière, productivité.

Environnement et interactions : le SMRC (système de management de la relation client) ou CRM (*customer relationship management*) interagit avec les clients externes et les clients internes (conception et développement, fabrication), ainsi qu'avec les unités de support et de management de Dupont. Le SMRC est une démarche orientée vers le client qui vise à établir et à maintenir des relations profitables sur le long terme grâce à une stratégie marketing, des offres et des services individualisés, et ce à l'aide des nouvelles technologies de l'information.

Valeurs du SMRC : compétence des forces marketing / ventes en termes d'éthique, de crédibilité et de capacité d'adaptation aux évolutions du marché. «Qu'il s'agisse de vente ou d'achat, de transactions avec des étrangers ou des amis, il faut toujours rester simple, loyal et honnête…» (Alberti, dans la Florence des drapiers au xve siècle).

Les figures C.3 et C.4 formalisent la BSC du stratège du SMRC (à préciser que 90 % des entreprises ne peuvent pas justifier un retour positif sur le SMRC).

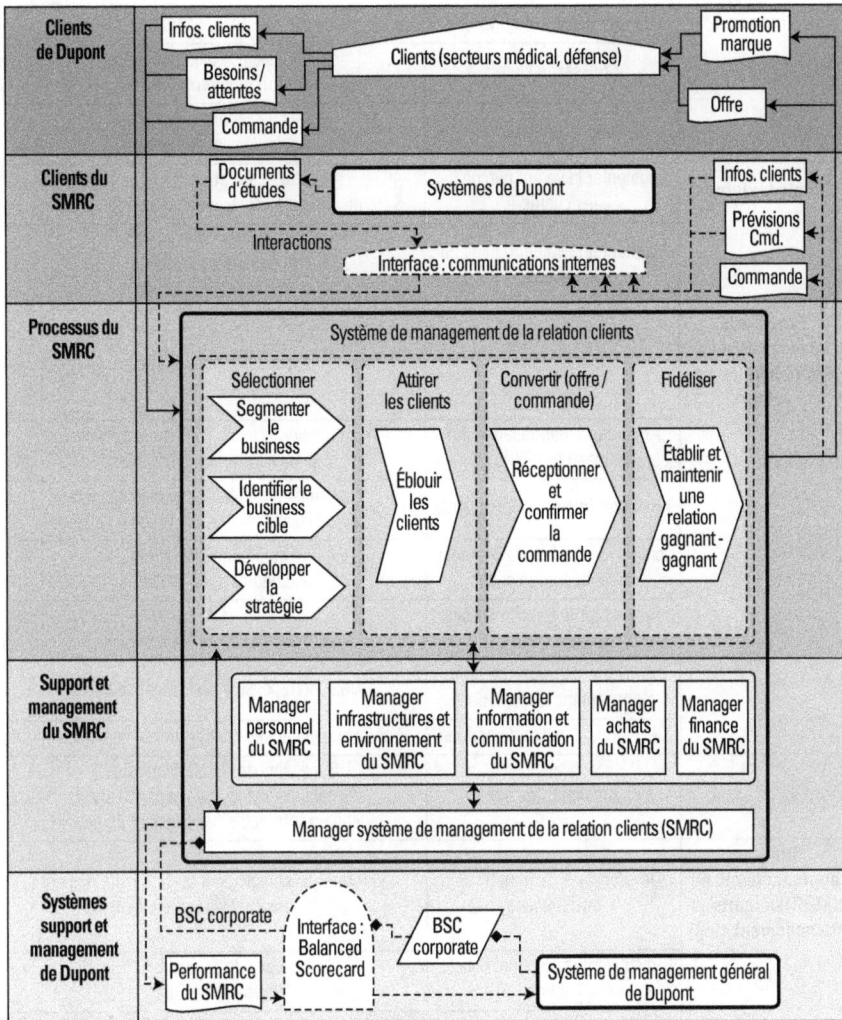

Figure C.3
Carte stratégique du manager du SMRC

Dimension	Objectif stratégique	Mesure(s)
Finance	Profit durable du SMRC	Profit du SMRC
	Croissance clients	Croissance par segment Contribution profit / valeur
	Coûts d'exploitation	Coûts de service par segment Coûts de service / canaux
Clients (externes)	Augmenter la valeur perçue par les clients A	Relations[a] % de clients A renouvelant une cmd < 6 mois
	Augmenter la valeur perçue par les clients B	% de clients très satisfaits % de nouveaux clients % de clients perdus
Processus internes clés du SMRC (chaîne de valeur)	Segmenter le marché	Niveau de segmentation[b]
	Améliorer l'identification des marchés cibles	Taux de réponse à une campagne publicitaire % de clients non profitables
	Améliorer la profitabilité clients	Niveau de profitabilité par marché cible Dépenses économisées par la force de vente
	Comprendre les leviers de valeur ajoutée pour le client	# de produits par client # d'heures avec un client
	Augmenter le taux de succès d'une offre	CA # d'offres / nb de commandes
	Améliorer la réactivité et le management des relations	Délai de réponse à une demande client
	Développer l'image de marque	# de communiqués dans la presse spécialisée
	Améliorer les flux	Canaux mixtes (cmd, factures…) % canaux mixtes / segment de valeur % canaux interactifs par segment de besoin
Structure apprenante clé du SMRC (supports et management clés)	Développer les compétences stratégiques	% formation consacrée à la qualification client % jobs centrés sur le client
	Motiver le personnel pour l'action	Niveau de polyvalence Niveau de prime
	Améliorer les infrastructures et l'environnement de travail	Délai pour accéder à une information dans la base Taux de fiabilité de l'information % de fonctions centralisées # de postes SMRC en service

Figure C.4
Tableau de performances équilibrées du manager du SMRC

a. R(f) = (nb de segments) x (nb de produits) x (nb de canaux) x (nb de coopérations).
b. La qualité de la segmentation du marché est définie à partir de critères. Une «bonne» segmentation doit être homogène, identifiable, sélectivement accessible et profitable.

Système fonctionnel du management de la relation client (SMRC)

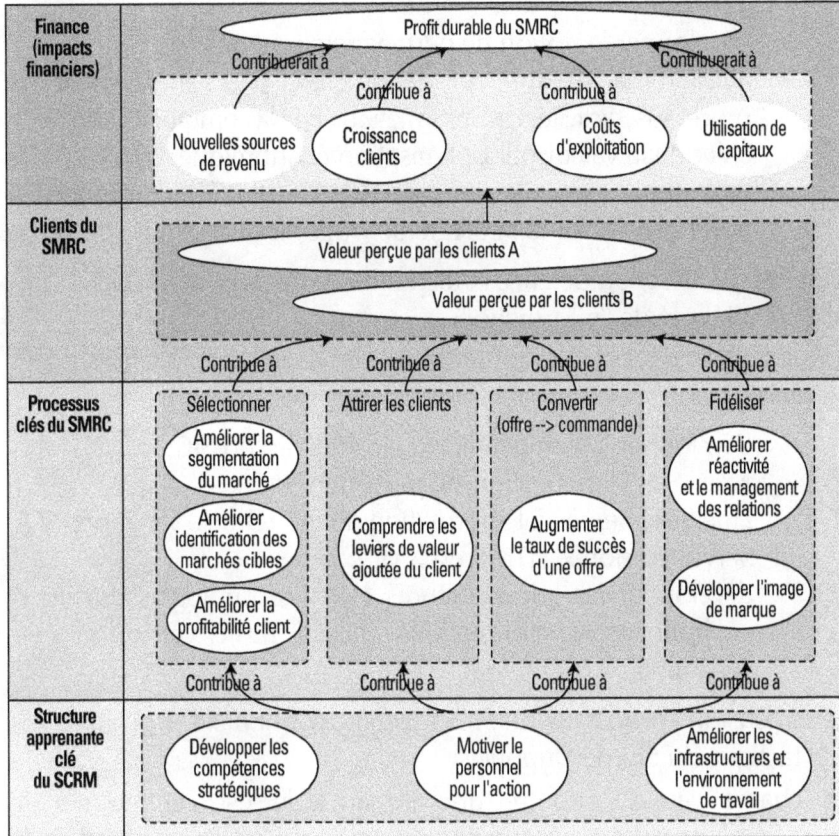

Finance (impacts financiers)	Profit durable du SMRC
	Contribuerait à ... Contribue à ... Contribue à ... Contribuerait à
	Nouvelles sources de revenu / Croissance clients / Coûts d'exploitation / Utilisation de capitaux

Figure C.5
Diagramme fonctionnel du management
de la relation clients de Dupont

Management de l'information
et de la communication de Dupont

Stratégie du manager de l'information et de la communication

Mission : maintenir les applications (produits) existantes ; développer de nouvelles applications pour préparer et aborder le futur (saisir des opportunités technologiques…).

Vision stratégique du manager du SIC à un horizon de 3 ans (Figure C.6) :

Nous voulons :

- développer la notion de partenariats internes ;
- améliorer la valeur des projets du SIC et plus généralement des processus / activités de l'information et de la communication (SIC) ;
- créer de la valeur par optimisation économique ;
- développer notre savoir-faire, c'est-à-dire notre capacité à nous aligner sur la stratégie de Dupont.

Valeurs du SIC : compétence et disponibilité du personnel du SIC ; fiabilité et intégrité de l'information.

La dimension «structures apprenantes clés» regroupe les leviers clés suivants :

- développer la compétence du leadership du SIC ;
- améliorer la motivation du personnel SIC ;
- améliorer l'accès à l'information du SIC (Oracle version x, SQL Server version x, HTML ou XML…) ;
- développer les infrastructures et les technologies du SIC — environnement informatique (Visual Basic version x, C++ version x).

La dimension «processus du SIC» identifie, quant à elle, trois axes liés à la tactique du SIC de Dupont.

La chaîne causale montre que la stratégie est centrée sur le «développement de partenariats internes», qui devrait permettre de contribuer à :

- améliorer la compréhension des besoins des clients (internes) ;
- améliorer l'efficience des opérations, c'est-à-dire la consommation des ressources de l'organisation apprenante ;
- développer l'innovation.

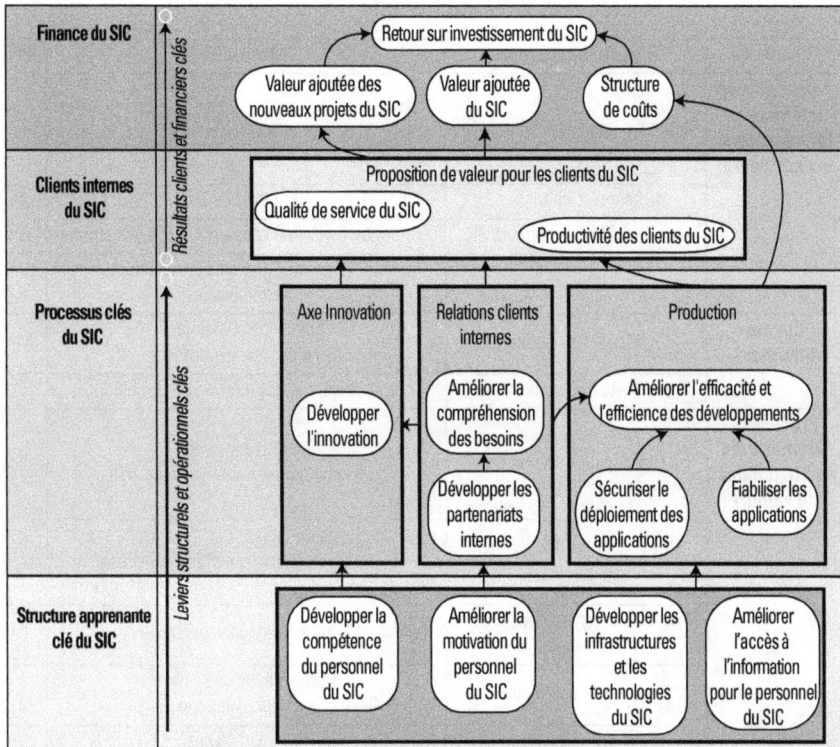

Figure C.6
Carte stratégique du manager du SIC

Les trois groupes d'objectifs stratégiques de la dimension «processus du SIC» ont très certainement une incidence positive (+) sur la «satisfaction des clients du SIC». (Satisfaire les clients, c'est reconnaître leur importance, identifier les avantages pour les clients en termes de valeur ajoutée et non uniquement en termes de valeur intrinsèque.) En effet, les clients du SIC apprécient particulièrement le fait :

- que l'on améliore la compréhension de leurs besoins ;
- de disposer de produits innovants ;
- que les applications soient déployées en toute sécurité et naturellement fiables !

Le «retour sur investissement du SIC» correspond au thème stratégique développé par le pilote du SIC. Incluse au sein de la dimension finance, cette valeur de résultat a sans doute une corrélation positive avec les valeurs de résultat que sont :

- la valeur ajoutée des projets du SIC ;
- la valeur ajoutée du SIC.

Dimension	Objectif stratégique	Mesure(s)	F[a]
Autres parties intéressées (actionnaires, investisseurs)	Retour sur investissement du SIC	ROI du SIC	A
	Dépenses maîtrisées	Coût total du SIC	A
	Valeur ajoutée des projets SIC	Évaluation financière basée sur le ROI des projets	A
	Valeur ajoutée du SIC	% de la capacité SIC engagée sur des projets stratégiques	T
Clients (internes)	Qualité de service du SIC	Index de satisfaction Délai de réponse incident	M
	Productivité des clients du SIC	% de projets d'amélioration utilisant le SIC	T
Processus internes clés du SIC (chaîne de valeur)	Développer l'innovation	% NTIC déployées % de maintenance corrective sur NTIC	S H
	Développer les partenariats internes	% de projets intégrant des clients internes Ou temps passé avec les clients internes Ou # de revues de projets avec des clients internes	M
	Améliorer la compréhension des besoins	% de maintenance évolutive	T
	Sécuriser le déploiement	Durée maxi d'une panne Délai d'une panne en période rouge	M
	Fiabilité des applications	Taux de fiabilité[b] besoin 1 Taux de fiabilité besoin 2	M
	Améliorer l'efficacité et l'efficience des opérations	% de projets dans les coûts et les délais Batch quotidien conforme Batch hebdomadaire conforme CMM (Capability Maturity Model) ISO / SPICE 15504 : 1998	T J H A A
Structures apprenante (support et management clés du SIC)	Développer la compétence du personnel SIC	% de compétences alignées % de chefs de projets formés sur les NTIC	A S
	Améliorer la motivation du personnel SIC	% de nouveaux projets % de bons projets	A
	Développer les infrastructures et les technologies SIC	Taux de disponibilité des infrastructures SIC	
	Améliorer l'accès à l'information pour le personnel SIC	% de communications disponibles	M

Figure C.7
Tableau de performances équilibrées du système d'information et de communication (SIC)

a. *F = fréquence ; A = année ; S = semestre ; T = trimestre ; M = mois.
b. Par exemple, taux de fiabilité du «calcul des besoins» pour la production, taux de fiabilité des BSC…

Système fonctionnel du management de l'information et de la communication (SIC)

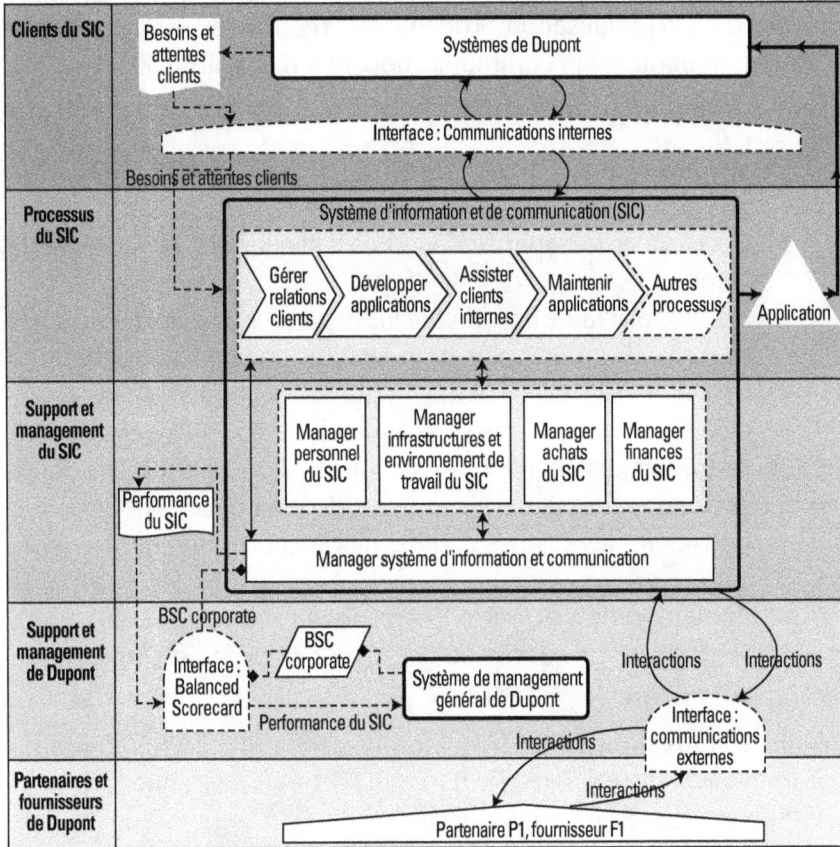

Figure C.8
Diagramme fonctionnel du SIC de Dupont SA (version détaillée)

Management des ressources humaines de Dupont

Stratégie du manager des ressources humaines

Mission : fournir les meilleurs services aux clients internes et au personnel. Maîtriser les CDD utilisés uniquement comme variable d'ajustement. Préparer l'avenir de Dupont.

Axes stratégiques corporate : profit, croissance, développement durable.

Environnement et interactions : clients internes (tous les systèmes de Dupont), actionnaires, investisseurs, fournisseurs (intérim), partenaires (écoles).

Valeurs du SRH : utilisation prudente des ressources, travail collégial et souple, intégrité de la communication, ROI des actions RH.

Vision stratégique du manager du SRH à un horizon de 4 ans (Figure C.9) :

Nous voulons :

- Développer la capacité des RH à s'aligner sur la stratégie de Dupont.
- Développer la notion de *business partner* au service de tous, tout en offrant une plus grande autonomie au personnel.
- Développer la valeur ajoutée pour les actionnaires : les changements des pratiques «ressources humaines» des entreprises se traduiraient par 89,6 % de valeur ajoutée supplémentaire pour les actionnaires sur cinq ans (source Watson Wyatt).
- Considérer les salariés comme des talents et non des ressources.
- Appliquer des normes de responsabilité sociale SA 8000; externaliser ce qui n'a pas de valeur pour le personnel et/ou pour Dupont.

Vision organisationnelle : utilisation des nouvelles technologies de l'information et de la communication (NTIC), bases de données de profils de compétences, de polyvalence.

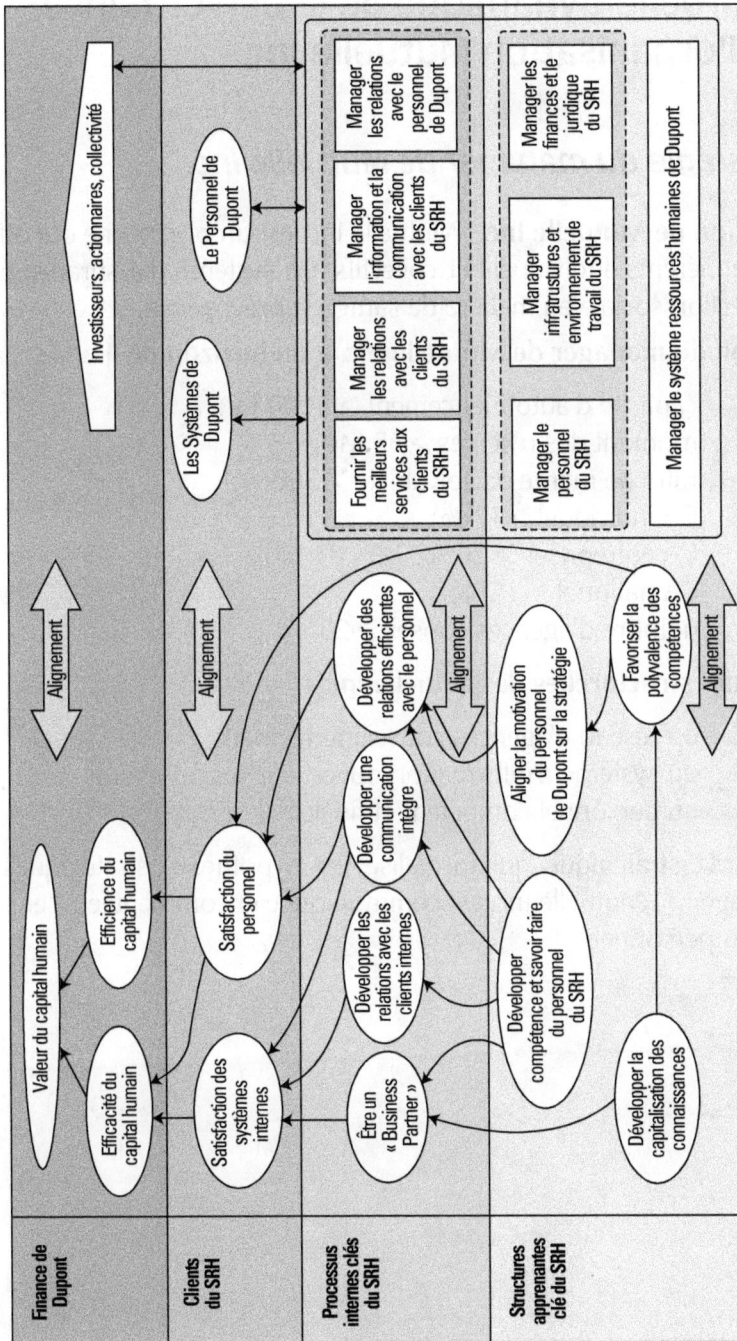

Figure C.9
Alignement de la stratégie et du SRH

Approche dynamique de la performance de l'organisation Mutuelle Inc.

Stratégie du manager de Mutuelle Inc.

Mission de Mutuelle Inc. : Mutuelle Inc. est un organisme qui offre à ses adhérents, individuels et collectifs, un système d'assurance et de protection sociale en matière de santé, de prévoyance…

Vision du manager de Mutuelle Inc. à un horizon de 4 ans :

- capacité d'autofinancement $> 5\,000$ K€;
- montant des réserves > 35 M€;
- ratio de marge de solvabilité $> 300\,\%$;
- CA individuel $> 17\,\%$;
- CA entreprises $> 20\,\%$;
- CA national $> 15\,\%$;
- nombre d'agences conseil > 25.

Valeurs structurelles de Mutuelle Inc. :

- un réseau d'agences conseil performant;
- un système d'information ouvert sur ses adhérents;
- un personnel compétent et fidèle.

La carte stratégique qui formalise les hypothèses stratégiques du manager de Mutuelle Inc. est communiquée et commentée à l'ensemble du personnel.

Carte stratégique de Mutuelle Inc.

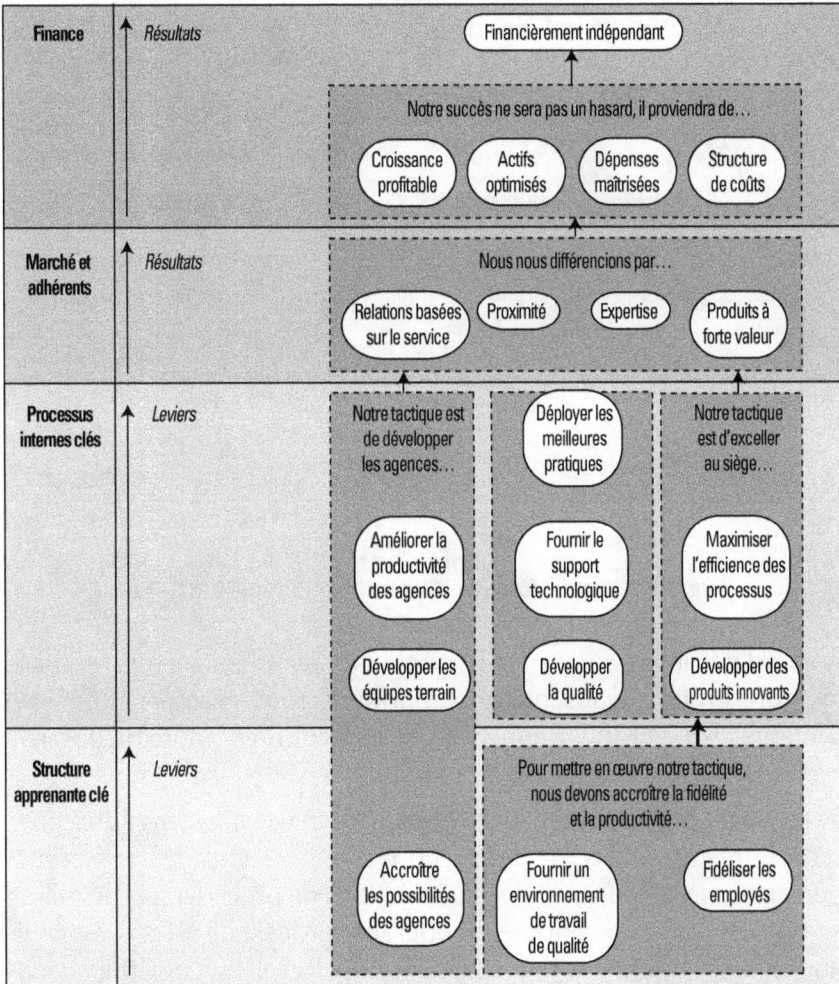

Figure C.10
Carte stratégique de Mutuelle Inc.

Système dynamique de Mutuelle Inc. (vue partielle)

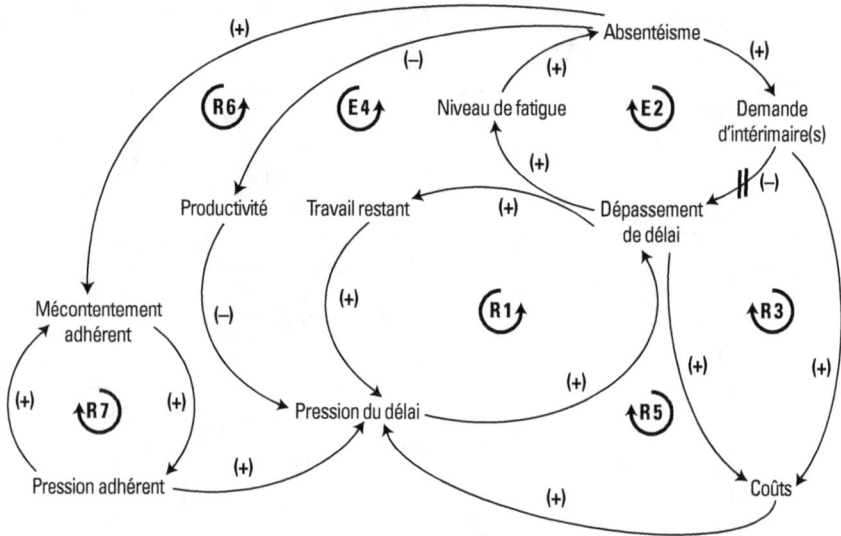

Figure C.11
Système dynamique de Mutuelle Inc. (vue partielle)

Aujourd'hui, les préoccupations majeures du manager de Mutuelle Inc. sont un taux d'absentéisme important, compensé par un niveau d'intérimaires en forte progression, mais pour un nombre de dossiers traités en légère diminution !

Le manager propose donc une réunion de travail avec les cadres concernés (responsables de la gestion des dossiers, des ressources humaines, de la finance et de la qualité) afin de procéder à la définition et à la vérification d'hypothèses opérationnelles. Le système dynamique correspondant aux préoccupations énoncées est construit et analysé boucle par boucle.

La boucle de renforcement (ou d'amplification) R1 illustre les hypothèses opérationnelles ci-après (rappelez-vous que vous pouvez débuter l'histoire où vous voulez) :

- Une augmentation du dépassement de délai a pour effet une augmentation du travail restant (de même, une diminution du dépassement de délai entraînerait une diminution du travail restant). Les variables évoluent dans le même sens (+).

- Une augmentation du travail restant a pour effet une augmentation de la pression du délai. Les variables évoluent dans le même sens (+).
- Une augmentation de la pression du délai a pour effet une augmentation du dépassement de délai. Les variables évoluent dans le même sens (+).

La boucle d'équilibre E4 illustre les hypothèses opérationnelles ci-après :

- Une augmentation du dépassement de délai a pour effet une augmentation du niveau de fatigue (de même, une diminution du dépassement de délai devrait entraîner une diminution du niveau de fatigue). Les variables évoluent dans le même sens (+).
- Une augmentation du niveau de fatigue a pour effet une augmentation de l'absentéisme. Les variables évoluent dans le même sens (+).
- Une augmentation de l'absentéisme a pour effet une diminution de la productivité (volume de dossiers traités). Les variables évoluent dans le sens opposé (–).
- Une diminution de la productivité a pour effet une augmentation de la pression du délai. Les variables évoluent dans le sens opposé (–).
- Une augmentation de la pression du délai a pour effet une augmentation du dépassement de délai. Les variables évoluent dans le même sens (+).

La boucle d'équilibre ou de stabilisation E2 illustre les hypothèses opérationnelles ci-après :

- Une augmentation du dépassement de délai a pour effet une augmentation du niveau de fatigue (de même, une diminution du dépassement de délai devrait entraîner une diminution du travail restant). Les variables évoluent dans le même sens (+).
- Une augmentation du niveau de fatigue a pour effet une augmentation de l'absentéisme. Les variables évoluent dans le même sens (+).

- Une augmentation de l'absentéisme a pour effet une augmentation de la demande d'intérimaires. Les variables évoluent dans le même sens (+).
- Une augmentation de la demande d'intérimaires a pour effet, après un délai, une diminution du dépassement de délai. Les variables évoluent dans le sens opposé (–).

La boucle de renforcement R3 illustre les hypothèses opérationnelles suivantes de déstabilisation financière de Mutuelle Inc. :

- Une augmentation de la pression du délai a pour effet une augmentation du dépassement de délai. Les variables évoluent dans le même sens (+).
- Une augmentation du dépassement de délai a pour effet une augmentation du niveau de fatigue. Les variables évoluent dans le même sens (+).
- Une augmentation du niveau de fatigue a pour effet une augmentation de l'absentéisme. Les variables évoluent dans le même sens (+).
- Une augmentation de l'absentéisme a pour effet une augmentation de la demande d'intérimaires. Les variables évoluent dans le même sens (+).
- Une augmentation de la demande d'intérimaires a pour effet une augmentation des coûts. Les variables évoluent dans le même sens (+).
- Une augmentation des coûts a pour effet une augmentation de la pression du délai. Les variables évoluent dans le même sens (+).

La boucle de renforcement R5 illustre les hypothèses opérationnelles suivantes de déstabilisation financière de l'organisation :

- Une augmentation de la pression du délai a pour effet une augmentation du dépassement de délai. Les variables évoluent dans le même sens (+).
- Une augmentation du dépassement de délai a pour effet une augmentation des coûts. Les variables évoluent dans le même sens (+).

- Une augmentation du coût a pour effet une augmentation de la pression du délai. Les variables évoluent dans le même sens (+).

La boucle de renforcement R6 illustre les hypothèses opérationnelles suivantes de déstabilisation en termes de délai de service de Mutuelle Inc. :

- Une augmentation du mécontentement des adhérents a pour effet une augmentation de la pression des adhérents. Les variables évoluent dans le même sens (+).
- Une augmentation de la pression des adhérents a pour effet une augmentation de la pression du délai. Les variables évoluent dans le même sens (+).
- Une augmentation de la pression du délai a pour effet une augmentation du dépassement du délai. Les variables évoluent dans le même sens (+).
- Une augmentation du dépassement du délai a pour effet une augmentation du niveau de fatigue. Les variables évoluent dans le même sens (+).
- Une augmentation du niveau de fatigue a pour effet une augmentation de l'absentéisme. Les variables évoluent dans le même sens (+).
- Une augmentation de l'absentéisme a pour effet une augmentation du mécontentement des adhérents. Les variables évoluent dans le même sens (+).

Pilotage dynamique de Mutuelle Inc. (vue partielle)

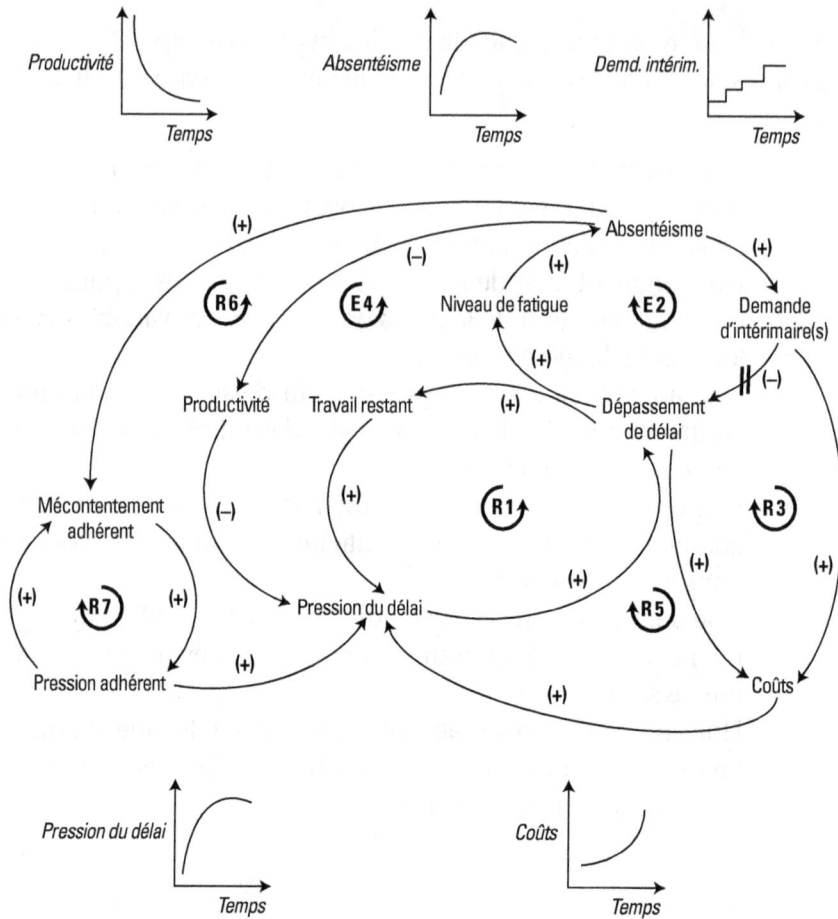

Figure C.12
Pilotage dynamique de Mutuelle Inc. (vue partielle)

Il faut enfin vérifier les hypothèses opérationnelles. Au début de
«l'histoire»…

- Le responsable de la gestion des dossiers constate une baisse
  importante de productivité.
- Le responsable des ressources humaines et le responsable de
  la gestion confirment l'augmentation de l'absentéisme et de la
  demande d'intérimaires.

- Le responsable financier confirme l'augmentation des coûts (masse salariale).

Le manager de Mutuelle Inc demande alors pourquoi, malgré l'augmentation des demandes d'intérimaires (satisfaites), la productivité continue de chuter, et la pression du délai et l'absentéisme augmentent.

Le responsable de gestion fait alors remarquer que la productivité est fonction de la compétence et de l'expérience du personnel, et qu'un intérimaire ne peut pas être immédiatement productif. Il faut un certain délai.

Le manager de Mutuelle Inc. fait remarquer au groupe que les intérimaires sont présents chez Mutuelle Inc. depuis plusieurs mois et, malgré cela, la demande d'intérimaires supplémentaires n'a cessé de progresser.

Après plusieurs minutes d'intenses réflexions, le groupe constate que les intérimaires sont affectés en priorité sur les dossiers faciles, puisqu'ils ne possèdent pas l'expérience requise, alors que les dossiers sensibles (les cas) sont toujours traités par le même personnel, lequel ne reçoit aucune aide, d'où une augmentation du dépassement de délai, du travail restant à faire, de la fatigue, etc.

Le groupe décide :

- de développer, en partenariat avec les organismes d'interim, un profil de compétence type ;
- de mettre en place un programme de formation des intérimaires afin de les affecter plus rapidement sur des dossiers sensibles ;
- de définir et mettre en place une expérience moyenne des employés expérimentés ou nouveaux, ainsi qu'un taux d'affaiblissement d'expérience afin d'en déduire une productivité de référence.

Ces différentes actions ont permis à Mutuelle Inc. d'améliorer la performance du traitement des dossiers sensibles. Après plusieurs mois, d'autres problèmes surgiront, mais cela est une autre histoire…

Bibliographie

DE ROSNAY (Joël), *Le macroscope*, Éditions du Seuil, 1975

HARALDSSON (Hördur V.), *Introduction to systems and causal loop diagrams system dynamic course*, Lund University (LUMES)

JAULENT (Patrick), SADT™ : *Un langage pour communiquer des idées*, Eyrolles, IGL Technology, 1989

JAULENT (Patrick), *Le génie logiciel : les méthodes*, Armand Colin, 1990

JAULENT (Patrick), *Techniques Objet et CIM*, Eyrolles, 1992

JAULENT (Patrick), *SYS-P-O : la méthodologie objet*, Armand Colin, 1994

JAULENT (Patrick), *Un modèle de management des risques : RISCUS*, Génie Industriel, 1994

KAPLAN (Robert S.) et NORTON (David P.), *The strategy-focused organization*, Harvard Business School, 2000

LE MOIGNE (Jean-Louis), *La théorie du système général*, PUF, 1994

MANKIW (Gregory), *Principles of Economics*, The Dryden Press, Harcourt Brace, 1998

MILLER (Brendan), *Systems Thinking and Sustainability: Systems Dynamics and the Interaction of Human and Natural Systems*, MIT Sloan School and Harvard Kennedy School

MORIN (Edgar), *La méthode, tome 1*, Éditions du Seuil, 1981

NORTON (David P.), «Is Management Finally Ready for the "Systems Approach"?», *Balanced Scorecard Report*, Harvard Business School, 2000

POWELL (Bob), *A Dynamic Analysis of Growth, Transportation, & Home Prices*, Continuous Improvement Associates

SIMON (Herbert A.), *Models of Bounded rationality (v.1)*, The MIT Press, 1982

STERMAN (John D.), *Business dynamics: Systems Thinking and Modeling for a Complex World*, McGraw-Hill, 2000

VALÉRY (Paul), *Introduction à la méthode de Léonard de Vinci* [1894], Éditions Gallimard (plusieurs éditions)

Le capital intellectuel, Conférence mondiale de l'UNI pour les cadres, Singapour, août 2000

Les leviers de la performance, Conférence internationale organisée par ReUSE en présence du professeur R. Kaplan, Paris, 5 décembre 2002

Marques déposées

Les leviers de la performance, ProcessMap, ReUSE, ProcessMap, le modèle en 8, le management du capital humain, Riscus et Approche système sont des marques déposées à l'INPI par la société ReUSE SA intégrée à CIMPA (Groupe AIRBUS).

Carte stratégique est une marque déposée à l'INPI par Patrick Jaulent, président du club Balanced Scorecard France.

Index

www.ingramcontent.com/pod-product-compliance
Lightning Source LLC
Chambersburg PA
CBHW080532220326
41599CB00032B/6281